초역 논어

超訳 論語
CHOUYAKU RONGO

Copyright ⓒ 2012 Yasutomi Ayumi
Original Japanese edition published by Discover 21, Inc., Tokyo, Japan
Korean edition published by arrangement with Discover 21, Inc., Tokyo, Japan
through BC Agency, Seoul

이 책의 한국어판 저작권은 BC에이전시를 통해 저작권자와 독점계약을 맺은
레디투다이브에 있습니다. 저작권법에 의해 한국 내에서 보호를 받는 저작물이므로
무단전재와 복제를 금합니다.

초역 논어

야스토미 아유무 지음 | 고운기 옮김

Reda

일러두기

1. '초역(超訳)'이란 번역한 이의 시각을 담아 적극적으로 해석하는 작업을 뜻한다. 이 책은 독자들이 고전을 이해하기 쉽도록, 원문의 의미와 의도를 손상시키지 않는 범위 내에서 《논어》를 직역하지 않고 초역하였다.
2. 《논어》 원문에는 공자의 말에 '자왈(子曰)'이 붙어 있으나 이 책에서는 생략했다.

들어가는 말

삶을 지배하는 문제의 실마리를 찾아, 다시 논어를 묵상하다

말은 속절없다. 곧잘 공중에 흩어져버리고 말기 때문이다. 그러니 누군가의 말이 나의 가슴에 들어와 오랫동안 지워지지 않고 기억되는 것은 얼마나 귀한 일인가.

만일 나의 말이, 내가 이 세상에서 사라진 다음에도 남아 누군가에게 울림을 준다면 얼마나 기쁠까? 이런 바람을 가진 내가 오랫동안 흠모했던 이가 있다. 공구(孔丘, 이하 '공자')라는 인물이다.

2천 수백 년 전에 공자가 뱉은 말은 많은 사람들의 마음을 울렸다. 그가 세상을 떠난 후에도 그 울림은 사라지지 않았고, 백 년에 걸쳐 책으로 기록되어 많은 사람의 마음에서 마음으로 이어져 울림을 주었다.《논어》라는 이름의 이 책은 시대를 지나며 보다 멀리 전해졌다. 그리고 동아시아 전체에 울려 퍼지는 소리가 되었다.

《논어》가 수천 년간 사람들의 마음을 떨리게 한 비결이 무엇일까? 그것은 인간의 진실에 대한 탐구가 담겨 있기 때문이다.

중국 춘추시대의 학자인 공자는 세 살에 아버지를 여의고 열일곱 살에 어머니마저 잃었다. 고아가 된 공자는 소년 시절 거칠고 천한 일을 하면서 곤궁한 생활을 했다고 전해진다.《논어-자한 편》에서 공자는 이러한 경험을 통해 '여러 가지 것에 능한 사람이 되었다'고 제자들에게 말한다.

고등교육은 받지 못했으나 독학으로 학문을 깨우친 공자는 수많은 제자를 거느리고 재상들이 찾아와 조언을 구하는 인물이 되어서도 주변인들과 겸손하게 문답을 나누었다. 알아차린 진실은 명확하게 말했고, 아는 단계까지 이르지는 못했으나 자신이 고민하고 있는 바에 대해서는 지혜를 구했다. 이러한 과정을 거쳐 공자와 제자들이 인간 본성에 대해 탐구한 기록이 《논어》이다.

《논어》를 읽는 방법은 두 가지가 있다.

하나는 객관적인 방법이다. 2500년 전의 공자가 살았던 시대가 어땠는지 문헌이나 고고학 자료에 기초해서 추정하고, 그 위에《논어》를 자료로서 읽는 방법이다.

그런데 이 방법으로는 현대를 사는 우리가 공자의 가르침을 이해하기 어렵다. 평범한 이들이 고대의 언어를 이해하기는 쉽지 않거니와 아무리 철저한 고증을 거치더라도 당시 공자가 한 말의 진정한 의미를 객관적으로 파악하는 것은 불가능하기 때문이다.

물론 객관적 방법에는 커다란 의미가 있다. 우선, 어떤 말이 의미하고 있지 않는 것을 밝힐 수 있다. 예를 들어, 현재는 '충(忠)'이란 말이 '주군이나 국가에 한마음으로 다하는 일'이라는 의미로 해석된다. 그러나 '한마음으로 다한다'는 의미는 후대에 생겨난 것이고, 공자 시대에는 그렇게 쓰이지 않았었다. 이 역사적 사실을 모르면 공자의 '충'이라는 말을 바르게 받아들이는 일은 결코 할 수 없다.

또, 그 말의 원래 의미를 더 명쾌히 밝힐 수 있다. 예를 들어, '용서하다'라는 뜻의 글자 '서(恕)'는 '여(如)'와 '심(心)'이라는 글자가 합쳐져 이루어졌고, 그중 '여'는 무녀가 신탁(神託)을 받들고 있는 모습을 본뜬 상형문자라는 학설을 알면 보다 합리적으로 글을 해석할 수 있다.

이것이 객관적 방법의 중요한 의의이다.

그러나 연구자가 아니고서야 이러한 객관적 방법으로 고전을 파헤칠 필요가 있을까? 우리는 선인들의 말과 글 안에 숨은 의미를 이해하고 삶에 적용하기 위해 고전을 읽는 것이기에 주관적 방법으로《논어》를 이해하는 것이 더 현명할 것이다.

《논어》를 주관적 방법으로 읽는다는 것은 무슨 뜻일까? 그것은 말 속에 담긴 진실을 온몸으로 받아들이고, 완전히 납득될 때까지 단단히 껴안는 것이다. 그렇게 해서 고대 선인의 말이 주는 울림을 기다리는 것이다. 나는 이 과정을 거쳐 수십 번《논어》를 읽었고, 내가 세상을 살며 맞닥뜨리는 문제를 해결하기 위한 실마리를 찾았다.

고전을 오랫동안 연구한 사람으로서, 경제 전문가이며 이 세상에 발을 담그고 사는 생활인으로서, 이 책은 철저히 객관적이면서 동시에 매우 주관적인 책이다. 그래서 제목에 '초역(超譯)'이라는 말을 붙였다. 원문 그대로를 싣는 것이 아니라 간추리고 해석을 붙여 나와 같은 현대인들이 읽기 편하고 이해하기 쉽게 다시 엮은 것이다.

그러므로 여기에 쓰인 것을 결코 통째로 삼키지 말길 바란다. 말 하나하나를 천천히 곱씹어 읽은 뒤 나에게 필요하다면 도움 받고, 쓸모없다면 버려야 한다.

이 책에는《논어》의 내용 전부가 들어 있진 않다. 현대와 어울리지 않는 부분은 일부 삭제하였고, 당시에는 진리였으나 지금은 모순이라고 여겨지는 부분 역시 무시했다. 그러므로 이 책은 《논어》를 통독하거나 공자의 사상을 공부하려는 분들에게는 맞지 않을 수도 있다. 다만 오늘을 더 잘 살아가기 위한 방법을 찾는 이들에게는 도움이 되리라 믿는다.

  나 역시 매일 마주하는 문제에 더 현명하게 대처하기 위하여, 어둡고 어수선한 마음을 밝힐 등불을 찾아 《논어》를 읽었고, 마음 깊은 곳에서 울림을 얻었다. 독자 여러분도 이 책을 읽는 동안 마음의 울림이 있는지 스스로를 유심히 관찰했으면 좋겠다. 만약 이 책에서 다른 울림이 들리거든 그것이 당신에게 있어서의 《논어》이니, 그 울림을 소중히 하길 바란다.

지은이 야스토미 아유무

차례

들어가는 말. 삶을 지배하는 문제의 실마리를 찾아,
다시 논어를 묵상하다 · 5
읽기 전에. 논어는 어떤 책인가? · 16

1장. 배운다 - 학이(學而) 편에서 · 22

배우는 일은 위험한 행위다 | 배우는 기쁨을 아는 사람은 | 부모와 형제의 사랑을 받고 자란 사람은 | 윗사람에게 자신의 생각을 솔직히 말하기 | 사람이 겉으로 보기에 | 매일 세 번씩 반성한다 | 자신을 꾸미지 않는다 | 말과 마음이 일치하는 사람 | 예는 형식을 차리는 것이 아니다 | 예에 따른 행동이 잘 풀리지 않을 때, 조화를 다시 생각하라 | '신'과 '의'가 조화를 이룬 사람 | '공'과 '예' | 솔직한 사람에게 의지하라 | 자신을 알라

2장. 알고 다스린다 - 위정(爲政) 편에서 · 38

정치는 원활한 커뮤니케이션을 돕는 일이다 | 덕으로 소통하는 이의 주위에는 | 민중을 이끌면서 폭력이나 권력을 남용한다면 | 15세에 배우는 일에 뜻을 두다 | 30세가 되어 | 40세가 되어 | 50세가 되어 | 60세가 되어 | 70세가 되어 | '효'는 표정에서 드러난다 | 오래된 믿음을 깨부술 수 있는 사람 | 자신을 새롭게 할 수 있다 | 남과 비교하지 않는다 | 배우는 것과 생각하는 것 | 나와 다른 생각을 배제하지 말라 | '안다'는 것은 무엇일까 | 어떻게 하면 백성이 따릅니까? | 해야만 한다고 느끼는 일을 하지 않는 것은

3장. 어진 사람이 된다 – 팔일(八佾) 편·이인(里仁) 편에서 · 58

'인'이 없으면 예의를 차리는 일도 쓸모없다 | '인'이 없으면 음악도 소음이 된다 | 예를 배우는 일이야말로 예 | 주군과 신하는 예와 충으로 서로를 대하라 | '예'만 있는 신하는 아첨꾼이 된다 | 훌륭한 노래의 조건 | 중요한 것은 스스로 고치는 일 | 세상에 진리를 알리는 사람 | 인은 아름다운 것이다 | 인이 없는 관계는 즐겁지 않다 | '인'과 '지' | 인이 없으면 좋고 싫음을 알지 못한다 | 인에 뜻을 두면 악은 있을 수 없다 | 도가 없는 부나 지위는 | 군자가 인을 잃으면 | 나는 본 적이 없다 | 그 사람의 허물을 보면 | 아침에 도를 들었다면 | 군자는 방관자가 아니다 | 이익만을 생각하지 말라 | 가장 중요한 한 가지 일 | 군자는 의, 소인은 이 | 현자를 볼 때 | 가볍게 말하지 말라 | 신뢰관계를 중요하게 여긴다 | 입은 무겁게, 엉덩이는 가볍게 | 덕이 있는 사람은 고립되지 않는다 | 잔소리가 심한 사람은

4장. 아는 것을 넘어 즐기게 된다 – 공야장(公冶長) 편·옹야(雍也) 편에서 · 88

언변이 좋을 필요는 없다 | 남이 어떻게 느끼는가를 생각하는 것은 위험하다 | 말할 수 없는 것에 대해서는 말하지 않는다 | 군자의 네 가지 도 | 지나치게 생각하는 것도 좋지 않다 | 우자가 되는 것은 어렵다 | 겉을 꾸미지 마라 | 내가 부끄러워하는 일 | 지는 어디에 있는가 | 나만큼 배우는 것을 즐기는 사람은 없다 | 잘 배운 사람이란 | 운명을 한탄한다 | 스스로의 한계를 만들지 말라 | 자만하지 않는 것의 가치 | 왜 도를 통하지 않을까 | 신체 감각과 지성 | 살아 있는 것은 행운일 뿐 | 즐기자 | 아는 자와 어진 자 | 말을 소홀히 하지 말라 | '인'과 '성' | 인자의 인간관계

5장. 도리를 지킨다 - 술이(述而) 편·태백(泰伯) 편에서 · 112

내가 걱정하는 일 | 꿈에 주공을 보지 못하다 | 도에 돌진하다 | 음악의 훌륭함 | 즐거움이란 | 공자는 어떤 사람인가 | 나는 그리 뛰어난 사람이 아니다 | 불가사의한 것에 대해서는 말하지 않는다 | 누구에게나 배운다 | 나는 감출 일 같은 건 하지 않는다 | 공자가 가르친 것 | 나 자신을 잃지 않는다 | '안다'와 '공부'의 차이 | 인은 멀지 않다 | 신에게 빈다는 것 | 군자와 소인의 차이 | 예가 아니면 잘 가지 않는다 | 군자의 인간관계는 백성에게 영향을 끼친다 | 어버이에게 받은 신체를 소중히 여긴다 | 이런 사람이 되고 싶다 | 임무는 무겁고 도는 멀다 | 몽땅 쓸모없이 만드는 성격 | 부유함이 부끄러움이 될 때 | 관계없는 일에 머리를 들이밀지 말라 | 어쩔 도리가 없는 사람 | 명군의 올바른 자세 | 인재를 얻는 것은 어렵다

6장. 아는 것을 행한다 - 자한(子罕) 편, 향당(鄕黨) 편, 선진(先進) 편, 안연(顔淵) 편에서 · 142

이에 대하여 말할 때는 | 손에서 놓아야 할 네 가지 일 | 공자가 여러 가지 것에 능한 까닭 | 모든 행동은 자기 책임 | 젊은 사람이 두려우냐 | 신성함을 보고 기뻐만 한다면 | 지는 빼앗기지 않는다 | 좋지 않은 일이 없으면 성장하지 않는다 | 위기에 그 사람의 진가가 드러난다 | 용자와 지자와 인자 | 모두 함께할 수는 없다 | 이것은 진정한 사랑이 아니다 | 마구간에 불이 났을 때 | 제자를 잃다 | 죽음에 대해 묻다 | 지나침은 미치지 못함과 같다 | 훌륭한 지가 아니어도 좋다 | 인이란 무엇인가 1 | 인이란 무엇인가 2 | 걱정이

없고 두려움이 없는 사람 | 군자에게 형제란 | 신뢰의 중요성 | 백성이 풍요로우면 군주도 풍요하다 | 덕과 미혹 | 군자는 사람을 성장시킨다 | 군자는 바람 소인은 풀 | 벗에 대하여 해야만 하는 일

7장. 착함과 정직함이 있다 - 자로(子路) 편에서 · 172

재능 있는 사람을 찾는 방법 | 정치는 이름을 바로 하는 것으로부터 시작한다 1 | 정치는 이름을 바로 하는 것으로부터 시작한다 2 | 지식이 많은 것만으로는 의미가 없다 | 몸가짐을 바르게 한다 | 착한 사람이 백 년을 다스리면 | 인이 실현되기까지는 시간이 걸린다 | 나라를 번성하게 하는 말 | 나라를 무너뜨리는 말 | 가까운 사람은 기쁘고, 먼 사람은 그리운 것 | 서두르지 않고, 작은 이익을 좇지 않고 | 정직한 사람 | 중용에 유념하다 | 조화와 동조의 차이 | 누구에게 사랑받고 누구에게 미움받는가 | 군자를 섬기는 방법, 소인을 섬기는 방법 | 군자는 뽐내지 않는다 | 인에 가까운 사람 | 선비란 어떤 사람인가 | 진실을 가르치라

8장. 군자의 말과 행실을 배운다 - 헌문(憲問) 편에서 · 196

인이 무엇인지 알지 못한다 | 말을 부드럽게 하라 | 인자와 용자 | 소인에게 인은 없다 | 가난을 원망하지 않는 것은 어렵다 | 임금 앞이라도 | 군자와 소

인의 방향 | 자신을 위해 공부하라 | 말의 뒤틀림은 행동의 허물로 이어진다 | 군자의 세 가지 도 | 타인을 비판할 틈이 없다 | 슬기로움이란 | 얽매이는 것이 싫다 | 능력이 아니라 덕이 명예롭다 | 원망에 대해서는 정직함으로 갚는다 | 불가능한 것을 지향하는 사람 | 자신의 태도를 물어서 고친다

9장. 지식을 나눈다 – 위령공(衛靈公) 편에서 · 216

소인은 곤궁하면 허둥댄다 | 한 가지만 꿰뚫고 있어도 | 무엇도 하지 않고서 세상을 다스린다 | 언제 말을 해야 하는가? | 목숨을 버려 인을 이룬다 | 나와 관계 없는 일 | 생각하지 않는 사람은 가르칠 수 없다 | 자기가 가진 지식을 자랑만 하는 이는 | 군자가 걱정하는 것 1 | 군자가 걱정하는 것 2 | 군자는 불순하게 무리짓지 않는다 | 자신이 하고 싶지 않은 일을 남에게 해서는 안 된다 | 속임수로는 위기를 벗어날 수 없다 | 허물을 고치지 않는 것이 허물이다 | 생각만 하지 말고 공부하라 | 군자는 인식의 틀을 쇄신할 수 있다 | 때로는 선생의 가르침을 무시하라 | 중요한 것은 스승의 능력 | 상대에게 생각이 이르도록 | 눈 먼 악사를 대할 때

10장. 좋은 사람과 함께한다 – 계씨(季氏) 편, 양화(陽貨) 편, 미자(微子) 편, 자장(子張) 편, 요왈(堯曰) 편에서 · 238

유익한 벗, 유해한 벗 | 유익한 즐거움, 유해한 즐거움 | 군자가 존경해야 할

세 가지 일 | 아홉 가지 중요한 일 | 태어나 익힌 것의 중요함 | 원하는 것만 있고 잘 배우지 않으면 | 시를 배우라 | 목적과 수단을 헷갈리지 말라 | 착한 사람이라 평가받는 이는 | 옛날에는 이상하다고 여겨졌던 사람이 | 왜 삼년 상을 치르는가? | 아무 말도 하지 않아서 좋다 | 군자가 미워하는 것 | 공자와 은자 | 이성과 소인의 관계 | 소인은 허물을 얼버무린다 | 먼저 신뢰를 얻어야 | 군자는 허물을 얼버무리지 않는다 | 공자는 누구에게 배웠을까 | 이것조차 알지 못하면

역자의 말. 2500년의 시간을 건너 비로소 마음에 닿은 논어 · 262

읽기 전에

논어는 어떤 책인가?

나는 《논어》가 현대 사회에서 옳다고 여겨지는 것에 조목조목 반박하고 진정한 옳음이 무엇인지 생각하게 만드는 책이라고 생각한다. 그래서 《논어》는 현대 사회를 사는 우리에게 케케묵은 보수적인 책이 아니라, 충격적이고 전위적인 '혁명적인 책'으로 다가온다. 《논어》가 어떤 말을 하고 있는지 알고 나면 여러분도 나와 같은 생각을 하게 될 것이다.

'학습'이라는 개념을 사회 질서의 기초로 삼는다
《논어》의 첫머리는 '배우고 때로 그것을 익히니, 즐겁지 아니한가'로 시작한다. 나는 이 말에 《논어》 사상의 모든 기초가 들어있다고 생각한다.

   인간에게는 뭔가를 배우고 싶은 호기심이 있다. 그 호기심에 의해 외부로부터 지식을 얻기 위해 애를 쓴다. 그러나 이 단계에서는 배움을 자신의 것으로 만들 수 없다. 그 뿐인가, 새로 얻은 배움에 매몰되어 이미 자신이 가지고 있던 것을 몽땅 잃어버리는 모양새가 된다. 즉, 배움에 '휘둘리는' 것이다.

그러나 수련을 거듭하면, 어느 때 문득 배움이 자신의 것이 되는 순간이 찾아온다. 이때 배우는 자는 배우는 일에 휘둘리는 것을 그만두고 주체성을 회복한다. 이것을 '익힌다'고 한다.

그렇게 되었을 때, 사람은 커다란 기쁨을 느낀다. 인간은 그런 살아있는 존재다. 공자는 이 '학습'의 기쁨이 인간의 존엄을 지키게 하고, 인간사회의 질서를 유지시킨다고 보았다.

배움의 자세를 갖춘 상태가 '인(仁)'이고,
인을 얻은 자를 '군자(君子)'라고 부른다

이와 같은 '학습'이 작동하고 있는 상태가 '인'이고, 그것이 가능한 사람을 '군자'라고 부른다. 군자는 어려움을 마주해도 이것을 배우는 기회로 받아들여 도전하고, 잘못을 범하면 곧 반성하여 고친다. 이처럼 학습을 통해서 변화하고 성장하는 것이 군자의 태도이다.

물론 군자는 다른 사람의 허물을 마주했을 때도 관용을 베풀고, 거기서 배움을 얻으려 한다. 그러나 세상은 왕왕 인간을 틀에 맞추어 '그릇'으로 사용하려 압력을 넣는다. 거기에 져서 고

정된 '그릇'이 되고 말면 곧 학습회로는 정지하고, 군자로서 모습은 사라지고 만다. "군자는 그릇이 아니다"라는 말은 그런 의미이다.

그러므로 군자에게는 어떠한 압력에도 굽히지 않는 '용기'가 필요하다. 어떤 상황에서도, 심지어 목숨을 위협받는다 하더라도, 자기 자신을 잃지 않고 학습과정을 지켜 스스로 마음의 중심에 있는 상태가 '충(忠)'이고, 마음 그대로 거짓 없는 모습이 '서(恕)'이다. '충서'의 상태에 있을 때에 군자 앞에는 나아가야 하는 길 '도(道)'가 넓게 펼쳐지니, 도의 '선택'에 쫓기는 일이 없다. 그 도를 나아가며 해야만 하는 일이 '의(義)'이다.

'인'의 기초는 '효(孝)'이고,
'효'의 기초는 부모가 자식에게 주는 '3년의 사랑'이다

'인'을 얻은 사람은 마음의 평안을 얻은 사람이다. 그것은 스스로에 대한 신뢰가 없다면 불가능하다. 사람이 자신을 신뢰하기 위해서는 양친에게서 유소년기에 무조건의 '3년의 사랑'을 받을 필요가 있다. 그렇게 하면 그 자식도 또 자연히 양친을 사랑하게 된다. 이것이 '효'이다. 그러므로 '효'가 '인'의 근원이라고 말할 수 있는 것이다.

'효'는 어버이가 자식에게 주는 자애를 기초로 하고, 거기서

부터 자연히 생겨나는 감정이며, 그것이 사회질서의 기초가 된다. 어버이가 어린 아이를 사랑하는 일이 가능하지 않고, 어린 아이가 '효'하지 않는 사회는 붕괴하고 만다.

'효'를 얻지 못한 자가 무리하게 '효'를 행한다 해도, 그것은 하는 척에 지나지 않고, 사회 질서를 유지하는 데에 도움도 되지 않는다.

배움의 자세를 갖춘 사람끼리는 원활하게 커뮤니케이션할 수 있다

배움의 자세를 갖춘 사람끼리 있으면 서로 배우면서 함께 성장할 수 있다. 이렇게 해서 달성된 조화를 '화(和)'라 한다. '화'를 이룬 사람들이 대화를 주고받는 모습을 '예(禮)'에 맞는다고 말한다.

배움의 자세가 없는 사람이 어느 정도 예의를 차린 말과 행동을 한다 해도, 그것은 은근히 무례한 짓일 뿐이고, 진정한 '예'라고 말할 수 없다. '예'가 흘러넘치는 곳에서 커뮤니케이션할 때 그곳에 거짓이 존재하지 않고, 함께 하는 이들이 서로 마음이 통한다는 느낌을 받을 수 있다. 이렇게 말과 마음이 일치한 상태가 '신(信)'이다.

군자가 모든 사람과 좋은 관계를 유지하는 것은 아니다. 오로지 '화'를 실현하는 상대와만 사이가 좋다. 군자는 자신의 학습회로를 정지시키려는 이에게는 용감히 맞선다. 그러므로 군자는 착한 사람으로부터는 호감을 얻지만 나쁜 사람으로부터는 꺼림을 받는다.

군자는 의견 대립을 두려워하지 않는다. 그래서 때로 타인과 격렬히 싸우기도 한다. 그러나 뒤끝은 없다. '의(義)'를 향한 진심에서 나타나는 행동이기 때문이다. 군자는 다툼이 있더라도 최종적으로 상대와 마음을 나누어 고차원의 '화'를 만들어내고야 만다.

배우고자 하는 마음이 닫힌 상태가 '악(惡)'이고,
그런 사람을 '소인(小人)'이라 부른다
《논어》에서는 '인'이 아니고, 학습회로가 닫혀 있는 상태를 '악'이라 부른다. 그래서 군자와는 반대로 학습회로가 닫혀 있는 사람을 '소인'이라 부른다.

소인은 정보 수집에 여념이 없고, 정보나 지식을 열심히 모아서 스스로를 보호하려 한다. 소인에게는 '도'가 보이지 않으므로 몇 가지 선택지 가운데서 최적의 도를 고르려고 이리저리 나선다. 그러나 자신의 선택이 최적인지 아닌지 확신할 수 없기에 필연적으로 겁내고, 잘 나가지 않는 사람을 피하고, 잘 나가는 이를 아무 이유 없이 비꼰다. 자기 자신을 믿지 못하기 때문에 늘 주위의 평가에 신경을 쓰고 남과 자신을 비교한다.

군자는 잘못하면 고칠 수 있지만, 소인은 그것이 불가능하기 때문에, 잘못하면 핑계를 대거나 숨기려고 한다. 소인은 힘이 있는 자로부터 억울한 취급을 받으면 반발할 수 없기 때문에 참고, 대신 약한 자에게 화풀이를 한다. 소인은 대립에 서툴러서 타인과 싸우는 것을 두려워한다.

그러므로 기호나 의견이나 형식이나 규칙에 있어 남에게 쉽게 동조하는 방식으로 싸움을 막으려 한다. 이것을 '동(同)'이라 한다. "군자는 화(和)하지만 동(同)하지 않고, 소인은 동하지만 화하지 않는다"라는 것은 그런 의미이다. 그러나 진심이 담기지 않은 이런 동조는 오래 이어지지 않으므로, 결국 균열이 생기고, 소인은 친구를 배신하고 만다. 이것을 '도(盜, 도둑질하다)'라고 한다.

1장. 배운다

학이(學而) 편에서

001 배우는 일은 위험한 행위다

무언가를 배우는 것은 위험한 일이다.
자신의 감각을 팔아넘기는 일이기 때문이다.

새로운 것을 익히면
그동안 가지고 있던 편견이 사라지고, 머리가 맑아지며,
무디고 낡은 감각 대신 단정하고 상쾌한 감각이 생겨난다.
자신의 감각이 사라지는 것에 겁먹지 않고,
배운 것을 완전히 체득하겠다고 마음을 열면
어느 때 문득 진짜 이해가 일어나
배우는 일이 내 것으로 느껴지고,
새로운 감각을 받아들이는 데에 익숙해진다.
이것이 바로 '익히는' 것이다.
기꺼이 묵은 감각을 버리고
기쁘게 신선한 감각을 받아들이는 경지에 오르니,
진정 기쁘지 아니한가.

학이 편. 1-1

002 배우는 기쁨을 아는 사람은

배우는 기쁨은,
연락도 없던 옛 친구가 멀리서부터 돌연 찾아오는 듯한
그런 즐거움이다.
이 기쁨만큼 인간에게 중요한 것은 없다.
그렇기에 학습의 기쁨을 알고 있는 사람은
그것을 알지 못하는 사람을 보면,
"인생의 기쁨을 모르는 딱한 사람이군" 하고 생각한다.
그러면서 마음이 흔들리지 않는 사람을
우리는 '군자'라 부른다.

학이 편. 1-2, 1-3

003 부모와 형제의 사랑을 받고 자란 사람은

공자의 제자 유자가 말했다.
부모와 형제의 사랑을 받고 자란 사람은
자연스럽게 그들을 사랑하고 존경하며 따르게 된다.
그렇게 부모, 형제와 좋은 관계를 맺고 있는 사람은
부모와 형제에 대해 억지 부리는 일 없이, 꺼리는 일 없이
자신의 생각을 솔직히 말할 수 있다.
부모와 형제에게 자신의 생각을
솔직히 전할 수 있는 사람이라면,
세상에 나가서도 윗사람을 향해
자신의 생각을 억지 부리는 일 없이, 실례되는 일도 없이
말하는 것이 가능하다.
그러나 유감스럽게도 그런 사람은 적다.

학이 편. 2-1

004 윗사람에게 자신의 생각을 솔직히 말하기

유자가 말했다.
윗사람에게 자신의 생각을 솔직히, 나아가 실례가 되지
않도록 말하는 일은 간단하지 않다.
그 간단하지 않은 일을 해내는 사람만이
자신의 신념에 따라 살 수 있다.
때로는 목숨을 걸고 친구와 의견을 다투고,
그 가운데서 높은 차원의 조화를 이뤄낼 수 있다.

학이 편. 2-2

005 사람이 겉으로 보기에

말을 번지르하게 하고,
그럴싸한 표정을 짓는 사람에게
인(仁)[1]이라는 것은 있을 수 없다.

학이 편. 3

---

[1] 어질다, 자애롭다, 인자하다는 뜻으로, 공자가 사회정치, 윤리도덕의 최고 이상과 기준으로 제시한 덕목이다.

006 매일 세 번씩 반성한다

공자의 제자 증자가 말했다.
매일 자신을 돌이켜 세 가지를 하고 있는지 반성한다.
첫째, 윗사람에게 잘 보이려는 욕심에
나 자신을 속이고 있지 않은가.
둘째, 친구의 기분을 맞추자고
마음에 없는 말을 하지 않았는가.
셋째, 충분히 알지 못하고, 몸에 익지 않은 것을 너무 가볍게
나의 주장인 것처럼 아랫사람에게 전하지는 않았는가.

학이 편. 4

007 자신을 꾸미지 않는다

군자란 자신의 것을 내세우거나 위엄 있게 꾸며 보이지 않는 사람이다.
남을 위협하지도 않는다.
뭔가를 배워도 그것을 고집하지 않는다.

학이 편. 8-1

008 말과 마음이 일치하는 사람

군자는 말과 마음이 일치하는 사람이다.
나아가 그러한 상태가 자연스럽고 편안한 사람이다.
마음에 없는 말을 하고 말과 다른 행동을 하는,
자신을 속이는 사람을 벗으로 삼아서는 안 된다.
그런 잘못을 범하는 사람을 만나면 거리낌 없이
고치도록 조언해야 한다.

학이 편. 8-2

009 예(禮)는 형식을 차리는 것이 아니다

유자가 말했다.
'예의바름'은 형식이 아니다.
조화 속에 자연스럽게 이루어지는 것이다.
사람과 사람이 서로 마음을 열고
조화로운 관계를 맺은 상태를 '화(和)'라 하는데,
'화'를 이룬 이들이 나누는 커뮤니케이션은
필연적으로 '예(禮)'에 들어맞는다.

학이 편. 12-1

010 예(禮)에 따른 행동이 잘 풀리지 않을 때, 조화를 다시 생각하라

유자가 말했다.
인류에 예(禮)를 알려준 선왕(先王)은
예 자체를 아름답게 여겼다.
그리하여 작은 일도 큰 일도 예에 따라서 행하였다.
하지만 아무리 예에 따라 행동하더라도
때로는 잘 풀리지 않는 일이 있다.
그럴 때에는 조화의 본질을 돌아보고,
조화를 잘 이루었다고 생각했던 일이
실은 부조화였던 것은 아닌지 다시금 돌아봐야 한다.

학이 편. 12-2, 12-3

011 '신(信)'과 '의(義)'가 조화를 이룬 사람

유자가 말했다.
나의 마음과 말을 일치시키는 일이 '신(信)'이다.
스스로 나아갈 길을 알고, 그 길을 걸으면
내가 해야만 하는 일이 무엇인지 깨닫게 되는데,
이것이 '의(義)'이다.
'신'이 그대로 '의'가 되는 사람의 말은 반드시 실현된다.

학이 편. 13-1

012 '공(恭)'과 '예(禮)'

유자가 말했다.
상대에 대하여 경의를 표하는 것을 '공(恭)'이라 한다.
사람과 사람 사이에 조화가 이루어진 상태로 행해지는
커뮤니케이션을 '예(禮)'라고 한다.
'공'이 비굴해지지 않고, 의연히 '예'에 가까워지면,
상대로부터 모욕을 받거나 부끄러움을 숨겨야 하는 상황은
생기지 않는다.

학이 편. 13-2

013 솔직한 사람에게 의지하라

유자가 말했다.
자기 자신을 속이는 사람에게 의지해서는 안 된다.
친밀함이 있으되, 솔직한 인간에게 의지하라.
그렇게 한다면 언젠가 당신도 누군가가 의지하고 싶어 하는 사람이 될 것이다.

학이 편. 13-3

014 자신을 알라

타인이 나를 알아주지 않는 것은 살아가는 데에 아무런 문제가 되지 않는다.
내가 나 자신을 알려 하지 않는 것이 진정한 문제이다.

학이 편. 16

2장. 알고 다스린다

위정(爲政) 편에서

015 정치는 원활한 커뮤니케이션을 돕는 일이다

'정(政)'이란 사람과 사람 사이의 커뮤니케이션이
원활한 상태로 유지되도록 노력하는 일이다.
그것은 내가 '덕(德)[2]'을 발휘할 때 비로소 가능하다.

위정 편. 1

---

2 애쓰지 않아도 바른 길을 저절로 행할 수 있게 된 사람. 공자는 덕을 하늘이 부여한 보편적이
  고 도 선천적인 인간의 성품이며 자질로 보았다.

016 덕으로 소통하는 이의 주위에는

국가나 조직을 이끌 때 가장 중요한 것이 '덕'이다.
덕으로 통솔하는 이의 주위에는 자연히 사람이 모여든다.
북극성이 움직이지 않고 그 자리에 있어도
많은 별들이 스스로 그쪽을 향해 인사하듯이.

위정 편. 1

017 민중을 이끌면서 폭력이나 권력을 남용한다면

민중을 이끌면서 폭력이나 권력을 쓰고
형벌로써 잘못을 따진다면
민중은 잘못을 모면하려고만 할 뿐, 부끄러워하지 않는다.
그러나 덕으로 민중을 이끌고 예로 대한다면
민중은 부끄러움을 알고 스스로 바른 행동을 하게 될 것이다.

위정 편. 3-1, 3-2

018 15세에 배우는 일에 뜻을 두다

나는 15세에 배우는 일에 뜻을 두었다.
그것은 밖에 있는 지식을 내 것으로 하기 위하여
일단 내가 가지고 있는 모든 감각을 버리는 도박이기도 했다.

위정 편. 4-1

019 30세가 되어

30세가 되어, 드디어 배우는 것을 내 일로 삼았다.
감각을 회복하고 스스로 서는 것이 가능하게 되었다.

위정 편. 4-2

020 40세가 되어

40세가 되어, 그때까지 내가 가야만 한다고 확신했던 그 길을 의심하게 되었다.
나는 그저 세상을 헤매고 있음에 지나지 않았다는 사실을 알았다.

위정 편. 4-3

021 50세가 되어

50세가 되어, 내가 왜 '배움'이라는 위험한 도박에
나서야 하는지 이해하였다.
그것은 하늘이 나에게 명령한 일이었던 것이다.
그제야 하늘이 내게 준 운명을 알았다.

위정 편. 4-4

022 60세가 되어

60세가 되어, 나의 귀에 날아드는 사람들의 말이
그것 자체로는 어떤 의미도 없다는 것을 알아차렸다.
말을 뱉은 사람의 솔직한 속마음을 듣고 아는 일이
가능하게 되었다.

위정 편. 4-5

023 70세가 되어

70세가 되어, 이때까지 배운 모든 것을
나의 몸에 새길 수 있었다.
이제 나의 마음이 하고 싶은 대로 행동해도
도(道)에서 벗어나지 않게 되었다.

위정 편. 4-6

024 '효(孝)'는 표정에서 드러난다

정말로 어버이를 사랑하고 있지 않다면,
어떤 효행을 한다 해도 즐거운 표정이 나오지 않는다.
젊기 때문에 부모의 힘든 일을 대신 하고,
음식을 먼저 드시게 하는 것만으로는
효도를 행한다 할 수 없다.

위정 편. 8

025 오래된 믿음을 깨부술 수 있는 사람

앞서 일어난 일의 의미를 이해하고,
늘 자신의 오래된 믿음을 깨부수려 노력하며,
새롭게 일어나는 일을 있는 그대로 이해하고서
대응하고자 하는 이야말로
많은 사람을 이끌 수 있다.

위정 편. 11

026 자신을 새롭게 할 수 있다

학습 회로가 열린 군자는
상황에 따라서 자신을 새롭게 바꾸는 일이 가능하다.
이런 사람은 고정된 것은 없다고 생각한다.

위정 편. 12

027 남과 비교하지 않는다

군자는 스스로 자신의 상태를 점검할 뿐,
남과 비교하지 않는다.
소인은 남과 비교하기만 할 뿐,
스스로 자신의 상태를 보지 않는다.

위정 편. 14

028 배우는 것과 생각하는 것

새로운 것을 배워도 그것이 무엇인지 스스로 생각하지
않는다면, 배운 것에 사로잡히고 만다.
그렇지만 무엇도 배우지 않고 스스로 생각만 해서는
겉돌기만 할 뿐 지성이 싹트지 못하고 죽어버리고 만다.

위정 편. 15

029 나와 다른 생각을 배제하지 말라

나와 다른 생각을 공격하는 것은 결국 해(害)가 될 따름이다.
나와 다른 생각을 배격하고 모두가 같은 생각만 하게 된다면,
그 생각이 원인이 되어 일을 그르친 경우에
일이 잘못되어가고 있다는 것조차도 인식하지 못하기
때문이다.

위정 편. 16

030 '안다'는 것은 무엇일까

'알고 있는' 것을 '알고 있다'라고 인식하고,
'알지 못하는' 것을 '알지 못한다'라고 인식한다.
이것이 '안다'는 것이다.

'알지 못한다'는 것을 알지 못하는 한,
세상 일을 아는 것은 불가능하다.
'알고 있는 것'과 '알지 못하는 것'을 구별하는 것이야말로
'아는' 것이다.

위정 편. 17

031 어떻게 하면 백성이 따릅니까?

노(魯)나라의 군주 애공(哀公)이 공자에게 물었다.
"어떻게 하면 백성이 따릅니까?"
공자가 답했다.
"마음이 곧은 사람을 끌어들여서 마음이 굽은 사람의 위에 놓으면 백성은 따릅니다.
마음이 굽은 사람을 마음이 곧은 사람의 위에 놓으면 백성은 따르지 않습니다."

위정 편. 19

032 해야만 한다고 느끼는 일을 하지 않는 것은

자신이 모셔서는 안 되는 영혼을
제반 사정을 고려해 모신다면, 그것은 아첨이다.
자신이 해야만 한다고 느끼는 일이 있으면서
제반 사정을 고려해 그것을 하지 않는다면,
그것은 용기가 없는 일이다.

위정 편. 24

3장. 어진 사람이 된다
팔일(八佾) 편·이인(里仁) 편에서

033 '인(仁)'이 없으면 예의를 차리는 일도 쓸모없다

사람에게 '인(仁)'이 없으면
아무리 꼼꼼하게 예의를 차린다 해도
실례를 범하고 만다.
그러면 관계는 이리저리 뒤틀리는 것이다.

팔일 편. 3-1

034 '인(仁)'이 없으면 음악도 소음이 된다

사람에게 '인(仁)'이 없으면
아무리 악기를 잘 연주한대도
그것은 죽은 음의 나열이 되어, 음악이 아니라 소음이 된다.

팔일 편. 3-2

035 예(禮)를 배우는 일이야 말로 예(禮)

공자가 노나라의 시조 주공(周公)을 모시는 대묘(大廟)에
들어갔다. 예의 대가로 여겨지는 공자가 왔기 때문에
의례 관계자는 긴장하여 만반의 준비를 하고 기다렸다.
그러나 공자는 묘에 이르자 예에 대한 지식을
자랑하기는커녕, 거기서 행해지는 의례 하나하나에 대하여
질문하고, 가르침을 받으면 감사하며 또 질문하는 일을
되풀이했다.
이 모습을 보고 어떤 사람이 말했다.
"저 햇병아리 공무원 아들(공자를 가리킴)이 예(禮)를 안다고
누가 말했어? 대묘에 오니 하나하나 질문하고 있잖아.
예라곤 알지 못하는 게야."
이 말을 전해들은 공자는 의아한 표정을 짓다가, 조금 뒤
무엇을 말하는지 이해하고 말했다.
"무언가를 탐구하는 일이 바로 예인데."

팔일 편. 15

036 주군과 신하는 예(禮)와 충(忠)으로 서로를 대하라

노나라의 정공(定公)이 물었다.
"주군이 신하를 부리고, 신하가 주군을 섬기기 위해서는
무엇이 필요합니까?"
공자는 답했다.
"주군이 신하를 부릴 때는 예를 가지고 해야만 합니다.
신하가 주군을 섬길 때는 충(忠)을 가지고 해야만 합니다.
충이라는 것은 자신의 마음을 배반하지 않는 일입니다."

팔일 편. 19

037 '예(禮)'만 있는 신하는 아첨꾼이 된다

주군을 섬길 때는 '충(忠)'을 다해야만 한다.
그것을 등한시하며 예(禮)를 다하겠다고만 생각하면
아첨꾼이라는 인상을 주게 된다.
'예'는 주군이 신하에 대해 가져야 할 마음이다.

팔일 편. 18

038 훌륭한 노래의 조건

시경(詩經)의 첫 장 관저(關雎)의 노래[3]가 훌륭한 이유는
즐거움을 노래할 때 지나치게 들뜨지 않고,
슬픔을 노래할 때 지나치게 울지 않기 때문이다.

팔일 편. 20

---

3 중국에서 가장 오래된 시집인 《시경》의 첫 장에 나오는 구절로, 《시경》 중 가장 아름답다고 알려져 있다.

039 중요한 것은 스스로 고치는 일

이미 일어난 일에 대해 이러쿵저러쿵 말하지 않는다.
이미 한 일을 뒤에서 비판하지 않는다.
지나간 일을 비난하지 않는다.
그런 행동은 모두 헛일이기 때문이다.

중요한 것은 남을 평가하는 것이 아니라
스스로를 고치는 일이다.

팔일 편. 21

040 세상에 진리를 알리는 사람

의(儀)나라 국경의 관리가
공자의 제자에게 공자를 만나길 청하며 이렇게 말했다.
"당신의 선생이 각지의 국왕으로부터 환영받지 못하고
방랑하고 있다 해서 낙심할 필요는 없습니다.
하늘은 천하의 도가 사라진 이 시대에, 당신의 스승을
세상에 진리를 알려주는 목탁으로 삼으려는 것입니다."

팔일 편. 24

041 인(仁)은 아름다운 것이다

인(仁)은 그 자체로 아름답고 완벽하기에
군자는 저절로 인을 향하게 되어 있다.

가야만 하는 길을 선택하려는 것 자체가 이미 인이 아니다.
인이라면 넓고 올곧으며, 갈림길이 아니기 때문이다.
그러니 인이 없다면 어떻게 나아갈 길을 알 수 있겠는가!

이인 편. 1

042 인(仁)이 없는 관계는 즐겁지 않다

인(仁)이 없는 인간관계는 오래가지 못한다.
신뢰가 없기 때문이다.
신뢰가 무너져버리면 즐거운 마음으로 섞일 수 없다.
그러므로 인이 없으면 즐거운 인간관계를 유지하기 어렵다.

이인 편. 2-1

043 '인(仁)'과 '지(知)'

인(仁)은 안정적이다. 그래서 그 안에 있으면 편안하다.
지(知)는 인에 의해 지탱된다.

이인 편. 2-2

044 인(仁)이 없으면 좋고 싫음을 알지 못한다

인(仁)이 있어야
좋아해야 할 사람을 좋아하는 일이 가능하고,
미워해야 할 사람을 미워하는 일이 가능하다.
인이 아니라면, 누구를 좋아하고 누구를 미워해야 하는지
제대로 알지 못한다.

이인 편. 3

045 인(仁)에 뜻을 두면 악(惡)은 있을 수 없다

인(仁)에 뜻을 두고 있는 사람의 마음속에
악이란 있을 수 없다.
왜냐하면, 인이란 늘 배우는 자세를 의미하고
악이란 배우는 것을 멈춤을 의미하기 때문이다.

이인 편. 4

046 도(道)가 없는 부(富)나 지위는

누구나 부자나 지위 높은 사람을 부러워한다.
그러나 '도(道)[4]'를 얻지 못한 채 부나 지위를 얻는 것은
위험하다. 왜냐하면 '도'를 얻기 위해서는 그 자리에 멈춰
지위를 내려놓아야 하기 때문이다.
성공을 희생하지 않으면 '도'를 얻기 어렵다.
가난하고 지위가 낮은 것은 누구나 싫어한다.
그러나 만일 나에게 '도'가 없다면
가난하고 지위가 낮은 것을 두려워 할 필요가 없다.
누구라도 '도'를 얻기 위해서는 잘 나가지 않는 상태가
되기 때문이다.
'도'를 얻는다면 스스로 그 상태에서 벗어나
잘나가게 될 수 있다.

이인 편. 5-1

---

4 인간이 마땅히 해야 할 도리 또는 진리. 공자는 사람은 도를 깨우치기 위해 공부해야 한다고
말했다.

047 군자가 인(仁)을 잃으면

군자로 인정받는 사람이라도 인(仁)을 잃어버리면 곧
악(惡)에 가까워지고 만다.
군자다운 사람은 일식이나 월식 같은 불길한 때라도 두려워
하지 않고, 처음부터 끝까지 인에서 멀어지는 일이 없다.
급변하는 사태 속에서도 반드시 '인'을 지키고,
돌연히 불운이 쳐들어올 때도 '인'을 지킨다.

이인 편. 5-2

048 나는 본 적이 없다

나는 인(仁)을 좋아하는 사람을 본 적이 없다.
인이 없는 사람은, 인이 무엇인지 알지 못하기에
인을 찾는 일이 없기 때문이다.
그러니 인을 좋아하는 일 역시 있을 수 없다.
그러나 불인(不仁)을 미워하는 사람은 본 적이 있다.
불인을 미워하는 일은 '인을 행하는' 일과 같다.
그러니 불인을 미워하면 불인이 몸에 붙는 것을 피할 수 있다.
하루라도 온 힘을 다해 인을 얻으려 했던 사람이 있을까?
해보았지만 힘이 모자랐다는 사람을 나는 본 적이 없다.
역사 속 어딘가에, 이 세상 어딘가에 혹시
그런 사람이 있을런지는 모르겠으나, 나는 본 적이 없다.

이인 편. 6

049 그 사람의 허물을 보면

사람이 저지른 실수는 그 사람의 성격을 반영하고 있다. 그래서 그 사람의 허물을 잘 보면 그 사람이 어떤 성격을 가진 인간인지 밝혀진다.

이인 편. 7

050 아침에 도(道)를 들었다면

어느 날 아침에 '가야만 하는 도(道)'를 가르쳐 주는 계시를 들었다면 그날 저녁에 죽는다 해도 상관없다.
왜냐하면 도를 아는 일이 사는 것의 본질이기 때문이다.

이인 편 8

051 군자는 방관자가 아니다

군자는 천하의 일을 어떻게 대해야 할까?
'이건 좋다', '저건 아니다'라며 방관자가 되어 평가할 것이
아니라 현실에 발을 붙이고 뜻을 같이 하는 사람들과 함께
나아가야 한다.

이인 편. 10

052 이익만을 생각하지 말라

이익만 생각해서 행동하면 반드시 원망 받는 일이 생긴다.

이인 편. 12

053 가장 중요한 한 가지 일

공자가 제자 증자를 바라보며 말했다.
"나의 도(道)는 한 가지 일에 일관하는 것이다."
증자는 "예"라고 답하고 더는 묻지 않았다.
공자가 나가자 문인이 증자에게
"공자님이 말씀하신 '한 가지 일'이란 무엇입니까?"라고 물었다.
증자는 말했다.
"선생의 도는 다만 충서(忠恕)[5] 뿐입니다."

이인 편. 15

---

[5] 충은 자신의 진심에 등 돌리지 않는 것. 서는 자신의 진심 그대로 있는 것이다.

054 군자는 의(義), 소인은 이(利)

군자는 '의(義)' 곧 "무엇을 해야만 하는가"를 먼저 생각한다.
소인은 '이(利)' 곧 "무엇을 하면 얻는가"를 먼저 생각한다.

이인 편 16.

055 현자(賢者)를 볼 때

현자(賢者)를 보면 '나도 저렇게 되고 싶다'라고 생각하고,
현명하지 못한 이를 보면 '나에게도 저런 모습이 있다'라고
반성하라.

이인 편. 17

056 가볍게 말하지 말라

옛사람은 생각한 것을 가볍게 말하지 않았다.
나의 행동이 그 생각에 미치지 못하는 것을
부끄럽게 여겼기 때문이다.

이인 편. 22

057 신뢰관계를 중요하게 여긴다

사람 간의 신뢰관계를 중요하게 여기는 사람이
지독한 꼴을 당하는 일은 드물다.

이인 편. 23

058 입은 무겁게, 엉덩이는 가볍게

군자는 입은 무겁고 엉덩이는 가벼운 사람이다.

이인 편. 24

059 덕이 있는 사람은 고립되지 않는다

덕이 있는 사람은 고립되지 않는다. 반드시 친구가 있다.

이인 편. 25

060 잔소리가 심한 사람은

공자의 제자 자유가 말했다.
잔소리가 심한 신하는 반드시 따끔한 맛을 본다.
잔소리가 심한 친구는 사귀고 싶지 않은 사람이 된다.

이인 편 26

4장. 아는 것을 넘어 즐기게 된다

공야장(公冶長) 편, 옹야(雍也) 편에서

061 언변이 좋을 필요는 없다

어떤 이가 공자의 제자를 평했다.
"중궁은 인자하기는 하지만 언변이 좋지 못한 것이 아쉽구나."
이를 듣고 공자가 말했다.
"왜 언변이 뛰어나야만 한다는 것인가. 입만 앞세워 남을 상대하면 빈번하게 미움만 받게 될 뿐이다.
중궁이 인자한지는 알지 못하나,
반드시 언변이 좋을 필요는 없다."

공야장 편. 5

062 남이 어떻게 느끼는가를 생각하는 것은 위험하다

공자의 제자 자공이 말했다.
"내가 하기 싫은 일은 남도 하기 싫을 것이니, 내가 싫은 일을 남에게 맡기지 않아야 한다고 생각합니다."
공자가 말했다.
"남이 어떻게 느끼는가는 그대가 신경 쓸 바가 아니다. 그것을 느끼겠다고 들면, 그대의 감각을 남에게 넘기는 것이 되고 만다. 그것은 매우 위험한 일이다."

공야장 편. 12

063 말할 수 없는 것에 대해서는 말하지 않는다

공자의 제자 자공이 말했다.
"선생의 말씀은 누구에게서도 들을 수 있다. 그러나 선생은 하늘의 도리나 인간의 본성 같이 '말할 수 없는' 것에 대해 말씀하시는 일은 없으니, 그런 말은 누구도 들을 수 없다."

공야장 편. 13

064 군자의 네 가지 도(道)

공자가 정(鄭)나라의 재상 자산(子產)을 평하여 말했다.
"그는 군자의 네 가지 도를 갖추었다. 그는 공손하게
움직이고, 윗사람에게 쓰일 때에는 경의를 바친다.
또 백성을 다스릴 때는 은혜를 베풀며,
스스로 의미가 있다고 확신하는 경우에만 백성을 부린다."

공야장 편. 16

065 지나치게 생각하는 것도 좋지 않다

노(魯)나라의 중신이었던 계문자(季文子)는
세 번 깊게 고민하고 나서야 행동을 했다.
공자는 그것을 듣고 말했다.
"두 번 생각하면 그것으로 충분하지 않을까."

공야장 편. 20

066 우자(愚者)가 되는 것은 어렵다

위(衛)나라의 대부였던 영무자(甯武子)는 매우 훌륭한 인물이었다.
나라에 도리가 통하고 있을 때에 그는,
슬기를 가진 지자(知者)로서 나타났다.
그렇지만 나라에 도리가 통하지 않게 되면
어리석어 보일 정도로 우직한 우자(愚者)의 모습으로 나타났다.
"지자 행세는 누구라도 할 수 있지만, 우자 행세는 웬만해서는 할 수 없지."

공야장 편. 21

067 겉을 꾸미지 마라

누가 미생고(微生高)[6]를 곧고 바른 인간이라 말하는가.
어떤 사람이 그에게 초를 빌리러 왔을 때,
가지고 있는 초가 없자, 이웃에게 빌려와 주었다 들었다.
그렇게까지 해서 겉을 꾸미는 자는
곧고 바른 인간이라고 말할 수 없다.

공야장 편. 24

---

6 춘추시대 노(魯)나라 사람이다.《사기(史記)》소진전(蘇秦傳)에는 미생고가 어떤 여자와 다리 아래서 만나기로 약속했는데 그 여자가 오기 전에 물이 밀어닥쳤으나 피하지 않고 다리를 안고 죽었다는 일화가 나온다.

068 내가 부끄러워하는 일

"말솜씨가 능란하고, 얼굴 표정을 잘 꾸미며, 발걸음마저
공손히"를 노나라 학자 좌구명(左丘明)은 부끄러워했다.
나 또한 이것을 부끄러워한다.

원망을 품고 있는 상태에서, 그것을 숨겨 누르고
친구와 사귀는 일을 좌구명은 부끄러워했다.
나 또한 이것을 부끄러워한다.

공야장 편. 25

069 지(志)는 어디에 있는가

공자가 제자인 안연과 자로에게 말했다.
"각자의 지(志)[7]를 말해 보지 않겠는가."
자로가 말했다.
"저는 마차나 말이나 모피 외투를 친구에게 빌려주었는데
그것이 상하더라도 끙끙대지 않는, 그런 관대한 인간이
되고 싶습니다."
안연이 말했다.
"착한 일을 하고도 자만하지 않고, 다른 사람에게 수고를
끼치지 않는 사람이 되고 싶습니다."
자로가 공자의 지(志)를 묻자, 공자가 답했다.
"노인에게는 마음을 편안히 갖게 하고,
친구와는 서로 신뢰하며, 젊은이에게는 우러름을 받는
그런 사람이 되고 싶다."

공야장 편. 26

---

[7] '뜻을 두다'라는 의미로 쓰였다.

070 나만큼 배우는 것을 즐기는 사람은 없다

겨우 집 열 채 정도 있는 마을 안에도 충(忠)과 신(信)이
나 정도인 사람은 있을 터이다.
그러나 나만큼 배우기를 잘하고 즐긴 사람은 없으리라.

공야장 편. 28

071 잘 배운 사람이란

애공이 물었다.
"당신의 제자 가운데 누가 잘 배웠다고 말할 수 있습니까?"
공자가 답했다.
"안회라는 자가 있습니다. 그는 잘 배웠습니다.
그는 누군가에게서 부당한 취급을 당하면 그것을 당사자를 향해 확실히 말하고, 약한 자에게 무턱대고 화풀이하는 일이 없었습니다. 허물을 범하면 반드시 고치고, 두 번 하지
않았습니다.
그러나 그는 불행히도 단명하여 이 세상에 없습니다.
그 후로는 잘 배운 사람이 있다는 말을 들어본 적이
없습니다."

옹야 편. 3

072 운명을 한탄한다

공자의 제자 중 인덕이 있다고 알려진 백우가
병이 들었다. 공자는 위로하러 갔다.
악질 때문에 백우는 얼굴을 마주하는 것을 피했다.
공자는 그의 손을 잡고 말했다.
"아, 끔찍한 일이다. 운명인가, 이것은. 이런 사람이 이런
병에 걸리다니. 이런 사람이 이런 병에 걸리다니."

옹야 편. 10

073 스스로의 한계를 만들지 말라

공자의 제자 염구가 말했다.
"선생이 말씀하시는 도(道)를 기쁜 마음으로 따르고 싶지
않은 것은 아닙니다. 다만 저의 힘이 미치지 못할 뿐입니다."
공자가 말했다.
"만약 정말 힘이 미치지 못하는 것이라면 도중에 그만두었을
것이다. 그러나 그대는 아직 그만두지 않았으므로,
스스로 그렇다는 생각에 빠져 있을 따름인 것이다."

옹야 편. 12

074 자만하지 않는 것의 가치

노(魯)나라의 대부 맹지반(孟之反)은 자만하지 않는
훌륭한 성품을 가진 사람이었다.
그는 군대가 싸움에서 져 달아나는 순간에 가장 어려운
전군(殿軍)[8]을 맡았다.
전세를 뒤집고 드디어 성문에 이르렀을 때, 그가 말에
채찍을 치며 말했다.
"내가 전군을 맡으려고 했던 것은 아니다.
말이 나아가지 않아 어쩔 수 없었던 것이다."

옹야 편. 15

---

[8] 퇴각하는 군대의 맨 뒤에서 적의 추격을 막는 부대.

075 왜 도(道)를 통하지 않을까

집에서 나올 때는 모두 대문을 통한다. 그런데 왜 살아가기 위해서 가장 중요한 이 도(道)를 통하는 자가 없는 것일까.

옹야 편. 17

076 신체 감각과 지성

신체 감각이 지성을 압도하고 있으면 야인(野人)이 된다.
지성이 신체 감각을 압도하고 있으면 관료적이 된다.
신체감각과 지성이 함께 살아있어야 비로소 군자라고
할 수 있다.

옹야 편. 18

077 살아 있는 것은 행운일 뿐

사람은 혼(魂)에 어떤 왜곡도 없는 '직(直)'의 상태에서
태어난다.
그러나 이것이 세상의 상식 등에 따라 오염되어
자신을 잃어버리고 만다.
자신을 잃었음에도 불구하고, 죄를 범하거나
누군가에게 빠져들지 않고 평온무사하게 살아 있다면,
그것은 운 좋게 험악한 사태를 벗어난 것일 뿐이다.

옹야 편. 19

078 즐기자

'알고 있다' 보다는 '좋아한다'가 더 높은 경지이다.
'좋아한다' 보다는 '즐긴다'가 더 높은 경지이다.

옹야 편. 20

079 아는 자와 어진 자

아는 자(知者)는 물처럼 흐르기를 좋아한다.
아는 자는 움직이고, 어진 자(仁者)는 고요하다.
아는 자는 즐기고, 어진 자는 기원한다.

옹야 편. 23

080 말을 소홀히 하지 말라

모르는 자들은 의례를 위한 술잔을 함부로 찻잔으로 바꿔서
벌컥벌컥 들이킨다. 의례를 핑계로 취하고 싶은 것이라면
그렇게 해도 좋다.
그러나 내가 용납하지 못하는 것은 그들이 찻잔을 찻잔이라
부르지 않고, '잔'이라 부르는 것이다.
저것의 어디가 '잔'인가. 저것의 어디가 '잔'인가!

옹야 편. 25

081 '인(仁)'과 '성(聖)'

제자 자공이 공자에게 물었다.
"만약 백성에게 널리 혜택을 베풀고, 백성을 구제하는 사람이 있다면 어떻습니까, 인(仁)을 갖춘 사람이라고 할 수 있겠습니까?"
공자가 답했다.
"그런 일이 가능하다면 인 정도가 아니라 성(聖)이네. 옛날 성제(聖帝)라고 일컫는 요순(堯舜)마저 그것이 좀체 가능하지 않아 고민했으니까."

옹야 편. 30-1

082 인자(仁者)의 인간관계

인자(仁者)는,
자신이 자립하는 것과 동시에 친구를 자립하게 하고
자신이 목적을 달성하기 위해서는 친구 역시
목적을 달성해야만 한다는
인간관계의 법칙을 확실히 밟고 있는 사람이다.

옹야 편. 30-2

5장. 도리를 지킨다

술이(述而) 편·태백(泰伯) 편에서

083 내가 걱정하는 일

덕(德)을 내 몸에 붙이지 못하는 일.
배운다는 것의 의미를 알지 못하는 일.
해야만 하는 일을 알고 있으면서 하지 않는 일.
선하지 못함을 알고 있으면서 고치지 않는 일.
이것이 내가 걱정하는 일이다.

술이 편. 3

084 꿈에 주공(周公)을 보지 못하다

나도 너무 늙었나 보다.
존경하는 주공(周公)[9]을 꿈에 뵙지 못하였구나,
오랫동안.

술이 편. 5

---

[9] 이름은 단(旦), 형인 무왕을 도와 주(周) 나라를 세웠다. 중국 고대의 정치, 사상, 문화 등 다방면에 공헌하여 유교의 성인 중 한 명으로 추앙받고 있다. 공자가 이상으로 삼은 인물이다.

085 도(道)에 돌진하다

스스로 도를 향해 몸을 움직이겠다고 결의하고,
스스로 도를 향해 혼(魂)을 다하여 돌진하며,
그 길에서 겪는 일 하나하나에서 배워 성장하고,
필요한 지식이나 기예를 자유자재로 구사하게끔
몸에 익혀야 한다.
이것이 절실하다.

술이 편. 6

086 음악의 훌륭함

공자는 제(齋)나라에서 몇 달 동안 소(韶)음악[10]을 듣고 익혔다.
그 사이 감동하고 열중하는 나머지
고기를 먹어도 그 맛이 나지 않을 정도였다.
공자는 말했다.
"생각지도 못하였다. 음악을 하는 기쁨이 이 정도일 줄은."

술이 편. 13

---

[10] 순임금 시대의 음악. 공자는 30대에 제나라에 유학을 갔다가 이 음악을 처음 접했다고 전해진다.

087 즐거움이란

간소한 식사를 하고서 물을 마시고,
팔을 베개 삼아 잔다.
즐거움은 그 안에 있다.

자신이 해야만 한다고 생각하지 않는 일을 하면서
부와 지위를 얻는 것은
뜬구름처럼 덧없는 일이다.

술이 편. 15

088 공자는 어떤 사람인가

초(楚)나라 관리가 공자의 제자 자로에게
"공자는 어떤 사람인가"라고 물었다.
자로는 어떻게 답할지 몰라 우물쭈물했다.
그것을 듣고서 공자는 말했다.
"그대는 어째서 이렇게 말하지 못하였는가.
'발분(發憤)하면 먹는 것조차 잊고, 뭔가에 열중하면 고민스러운 일조차 잊고,
늙음이 닥쳐올지라도 신경 쓰지 않는다.
공자는 그런 사람이다'라고."

술이 편. 18

089 나는 그리 뛰어난 사람이 아니다

나는 나면서부터 옛사람들이 한 말의 속뜻을 알 만큼
그렇게 뛰어난 사람이 아니다.
옛사람들의 가르침을 좋아하고, 열심히 배우고 익혀
그 의미를 탐구하고 있을 따름인 사람이다.

술이 편. 19

090 불가사의한 것에 대해서는 말하지 않는다

공자는 이성적으로 설명하기 어려운 불가사의한 존재나
현상에 대해서는 말하지 않았다.
왜냐하면 그것은 '말할 수 없는 것'이기 때문이다.

술이 편. 20

091 누구에게나 배운다

세 사람이 함께 길을 걸으면 그중에 반드시 내 스승이
될 만한 사람이 있다.
나보다 나은 사람의 좋은 점을 골라 그것을 따르고,
못한 사람의 좋지 않은 점을 골라 나를 바로잡을 수 있으니.

술이 편. 21

092 나는 감출 일 같은 건 하지 않는다

내가 여러분에게 감추는 것이 있다고 생각하는가?
나는 여러분에게 감출 일 같은 것은 하지 않는다.
내가 제군들과 함께 하지 않는 것은 없다.
이것이 나 구(丘)[11]라는 인간이다.

술이 편. 23

---

11 공자의 이름. 공자의 성은 공(孔) 이름은 구(丘)이다. 공자의 호칭에서 자(子)는 성인에게 붙이는 존칭이다.

093 공자가 가르친 것

공자는 네 가지를 가르쳤다.
'문(文)' 아는 것과 생각하는 것을 글과 말로 표현하는 방식.
'행(行)' 실천.
'충(忠)' 말과 행동에 늘 진심을 담을 것.
'신(信)' 말과 행동이 일치해 있을 것.

술이 편. 24

094 나 자신을 잃지 않는다

성인(聖人)이라면 나는 본 적도 없다. 군자라면 본 적이
있는데, 그대가 실제로 그렇게 된다면 훌륭하다.
선인(善人)이라면 나는 본 적도 없다. 언제 어디서나 자신을
잃지 않는 '항자(恒者)'라면 본 적이 있는데,
그대가 실제로 그렇게 된다면 훌륭하다.

사람들은 아무것도 없으면서 있는 것처럼 꾸미고,
텅 비어 있으면서 가득 찬 것처럼 꾸미고,
곤궁하게 살고 있으면서 풍부한 것처럼 꾸민다.
그렇게 꾸미기만 하면 필히 자신을 잃게 된다.

술이 편. 25

095 '안다'와 '공부'의 차이

'안다'라는 학습의 과정을 거치지 않고서
지식을 얻은 체하는 사람들이 있지만,
나는 그런 짓은 하지 않는다.
사람들은 '공부'를 한다면서 많은 것을 들으러 돌아다니고,
그 가운데서 좋아 보이는 것을 선택해 거기에 따르며,
많은 것을 보러 돌아다니고, 이것을 기억해 둔다.
이런 '공부'는 '안다'는 것보다 낮은 수준이다.

술이 편. 27

096 인(仁)은 멀지 않다

인(仁)은 먼 것일까? 아니, 그렇지 않다.
인은 학습 과정을 여는 태도이기 때문에
내가 인이고 싶다 생각하는 순간
벌써 인이 여기에 있게 된다.

술이 편. 29

097 신에게 빈다는 것

공자의 병이 깊어지자, 제자 자로는 자신이 스승을 위해 기도를 해도 되겠냐고 물었다.
공자는 말했다.
"기도로 병을 고친 일이 옛적에 있었는가?"
자로는 답했다.
"있습니다. 뇌(誄)라는 문서에, '고치기 어려운 병을 천지의 신들에게 빈다'고 나와 있습니다."
공자는 말했다.
"그런 것이라면 나는 이전부터 줄곧 하고 있었다네."

술이 편. 34

098 군자와 소인의 차이

군자는 마음이 평안하여 느긋해 한다.
소인은 마음이 불안하여 끙끙거린다.

술이 편. 36

099 예(禮)가 아니면 잘 가지 않는다

태도가 공손하더라도 그것이 표면적인 것이고,
사람들과의 조화를 만들어내는 '예'가 아니면
다만 소모(消耗)일 뿐이다.
신중하더라도 그것이 예가 아니면
흠칫흠칫 겁내는 것이 될 뿐이다.
용기가 있더라도 예가 아니면
인간관계가 다만 어지러울 뿐이다.
마음이 곧더라도 예가 아니면
사람과 부딪치는 일이 많아지고, 인간관계가 좁아지고 만다.

태백 편. 2-1

100 군자의 인간관계는 백성에게 영향을 끼친다

군자가 자기 주변 사람을 소중히 여기면, 사람들은 안심하고,
거기서부터 인(仁)에 눈뜨는 이가 나타난다.
군자가 자기 주변 사람을 업신여기고 적절히 대우하지
않는다면, 사람들 또한 남을 업신여기고 배신하게 될 것이다.

태백 편. 2-2

101 어버이에게 받은 신체를 소중히 여긴다

공자의 제자 증자가 중병에 걸려 임종을 앞두고 말했다.
"나의 발을 보라, 나의 손을 보라.
어디에도 상처가 없을 게야.
《시경》[12]에는, '전전공공(戰戰恐恐)[13]하며 깊은 연못을 대하듯
얇은 얼음을 밟듯'이라고 쓰여 있다.
나는 어버이에게 받은 자신의 신체를 소중히 여기는 일에
전력을 기울여 왔다.
이제 그 책무로부터 벗어날 때가 온 듯하다."

태백 편. 3

---

12 중국 최초의 시가집. 공자가 제자들을 교육할 때, 주나라 왕조의 정치에 대해 가르치고 문학·교육에 힘쓰기 위하여 편집한 것으로 알려져 있다.
13 '두려워서 벌벌 떠는 모습'을 표현한 사자성어 '전전긍긍(戰戰兢兢)'과 같은 뜻.

102 이런 사람이 되고 싶다

증자(曾子)는 말했다.

능력이 뛰어나도 오만하지 않고,
재주가 없는 것처럼 보이는 사람에게서도
배우겠다고 물으며.
지식이 풍부해도 교만하지 않고,
지식이 모자란 것처럼 보이는 사람에게서도
배우겠다고 물으며.
공적이 있더라도 자랑하지 않고,
그런 것이 없는 듯이 행동하며.
실력이 있더라도 헤프지 않고,
힘이 없는 듯이 행동하며.
이 때문에 솔직하게 군주의 말에 반하는 의견을 내더라도
형벌을 받지 않는다.
나에게 그런 벗이 있었다.

태백 편. 5

103 임무는 무겁고 도(道)는 멀다

공자의 제자 증자는 말했다.

도(道)에 뜻을 둔 자는 마음이 열려 있고, 또한
강해지지 않으면 안 된다.
주어진 임무는 무겁고, 임무를 수행하기 위한 길은
멀고도 험하기 때문이다.
인(仁)을 스스로의 사명으로 여기는 이에게
그 임무와 길은 더욱 무겁다.
죽는 날에야 짐을 내려놓을 수 있을까?
그러나 그 또한 먼 일이지 않은가!

태백 편. 7

104 몽땅 쓸모없이 만드는 성격

제아무리 성인 주공(周公)에 필적할 만한
빛나는 재능이 있다 할지라도
으스대고 인색하다면 그 이외의 것은 전혀 가치가 없다.
아니, 평가할 값어치가 없다.

태백 편. 11

105 부유함이 부끄러움이 될 때

사회가 바르게 운영되고 있는데,
가난하고 지위가 낮다는 것은 부끄러운 일이다.
사회가 바르게 운영되고 있지 않는데,
부자이고 지위가 높다는 것은 부끄러운 일이다.

태백 편. 13

106 관계없는 일에 머리를 들이밀지 말라

당사자가 아니라면, 사건에 머리를 들이밀고 무언가를 하려 들지 않는 편이 좋다.

태백 편. 14

107 어쩔 도리가 없는 사람

성질이 거센데도 바르지 않고,
어린아이 같은데도 순진함이 없고,
순박한 것 같은데도 겉과 속이 다른 사람.

그런 사람은 어쩔 도리가 없다.

태백 편. 16

108 명군(名君)의 올바른 자세

고대의 명군(名君) 순(舜)이나 우(禹)임금이 천하를 다스리던 그 모습은 거리낌이 없고 당당했다.
모든 것을 위임하고, 자신이 한 일은 아무것도 없었다고 하였으므로.

태백 편. 18

109 인재를 얻는 것은 어렵다

태평성대를 이룬 순(舜)임금에게는 다섯 명의 신하가 있었고,
그 덕분에 천하를 다스릴 수 있었다.
주(周)나라를 세운 무왕(武王)[14]은 "나에게는 의지하게 되는
장수가 열 명 있다"고 말하였다.

공자는 말했다.
옛말에 인재를 얻는 것이 어렵다고 하였는데, 그 말이 맞다.
요순 다음으로 인재가 많았던 무왕에게도 어머니를 제외하면
아홉 신하 뿐이었다. 무왕의 아버지 문왕(文王) 시절에는
나라를 어지럽히는 신하가 없었기에, 천하의 3분의 2를
손에 쥘 수 있었지만, 그렇더라도 은(殷)왕조에 복속해
있었다.
열 명의 장수가 적다 하는 자가 있을 지도 모르나,
문왕이 지덕(至德)[15]을 갖추었기에 그들을 곁에 둘 수 있었다.

태백 편. 20

---

[14] 중국 주나라의 1대 황제. '주역'을 썼다고 알려진 문왕의 둘째 아들이다.
[15] 인격의 덕이 극치에 달했다는 뜻.

6장. 아는 것을 행한다

자한(子罕) 편, 향당(鄕黨) 편, 선진(先進) 편, 안연(顏淵) 편에서

110 이(利)에 대하여 말할 때는

공자는 드물게 이재(利, 이)에 대해 말했지만,
그 때에는 반드시 무엇을 해야만 하는지(命, 명),
어떻게 학습 과정을 열어야 할지(仁, 인)를 함께 말하였다.

자한 편. 1

111 손에서 놓아야 할 네 가지 일

공자는 의(意)·필(必)·고(固)·아(我) 네 가지의 일을 거절하였다.
'의'란 사전에 이러쿵저러쿵 하자는 의도이다.
'필'이란 반드시 이렇게 하고 싶다는 고집이다.
'고'란 단단하게 굳어버린 생각을 바꾸지 않는 완고함과 고루함이다.
'아'란 '내가 내가'라는 자기중심주의이다.

자한 편. 4

112 공자가 여러 가지 것에 능한 까닭

오(吳)나라의 중신이 공자의 제자인 자공에게 물었다.
"당신의 선생은 성인이라는 평판을 받지만,
아무리 그렇다 해도 어찌 저리 다방면에 능통하신가요?"
자공이 답했다.
"물론 하늘이 내린 성인에 가까운 분이지만, 그 위에
다능(多能)한 재주가 있으시지요."
공자는 이것을 듣고 말했다.
"그는 나라는 존재를 잘 알고 있구나. 나는 어려서 지위가
낮았기에, 여러 가지 일을 하지 않을 수 없었다.
그 때문에 지금 많은 것이 가능하도록 되었던 것이다.
이런 나를 보기 삼아 '군자는 여러 가지 것이 가능한
존재여야 하는가' 묻는다면, 그런 것은 아니다.
그러므로 나를 두고 성인이니 하는 것은 터무니없는 말이다."

자한 편. 6

113 모든 행동은 자기 책임

흙으로 산을 쌓는 일을 생각해 보자.
한 삽만 더 얹으면 완성일지라도, 하지 않으면
그것은 미완이며, 스스로 포기하는 것이다.
흙으로 구덩이를 메우는 일을 생각해 보자.
비록 흙을 한 삽만 퍼 담았다 할지라도, 꾸준히 한다면
결국 완성하게 될 것이며, 스스로 완성하는 것이다.

자한 편. 19

114 젊은 사람이 두려우나

나는 젊은 사람들이 두렵다. 이제 출발선에 선 그들이 지금의 우리를 넘어서지 못하리라고 어떻게 말할 수 있겠는가. 그러나 그들이 40세, 50세가 되었는데도 스스로 나아가야만 하는 도(道)를 깨닫지 못한다면, 그때는 더 이상 두려워할 필요가 없다.

자한 편. 23

115 신성함을 보고 기뻐만 한다면

어찌 신성하게 다듬어진 말을 듣고도 따르지 않을 수
있겠는가? 신성한 말을 받들어 스스로의 자세를
고치는 것은 귀한 일이다.
어찌 신성한 음악이나 춤을 보고 기뻐하지 않을 수
있겠는가? 예술의 아름다움을 찾고 이해하려는 것은
귀한 일이다. 그러나 만약 기뻐만 하고 찾아서 이해하려
하지 않으며, 따르기만 하고 고치지 않는다면.
나는 어쩔 도리가 없다.

자한 편. 24

116 지(志)는 빼앗기지 않는다

대군(大軍)의 사령관은 잡아올 수 있지만,
한 사람의 머릿속에 있는 뜻을 빼앗아오는 일은 불가능하다.

자한 편. 26

117 좋지 않은 일이 없으면 성장하지 않는다

"다른 사람을 해하지 않고, 나도 위험에서 벗어나 있으면 나쁜 일은 일어나지 않는다."
공자의 제자 자로(子路)는 이것을 신조로 삼았다.
그러나 공자는 말했다.
"그런 방법은 좋다고 말할 수 없다. 살면서 좋지 않은 일을 경험하지 않는다면 진정으로 성장할 수 없기 때문이다."

자한 편. 28

118 위기에 그 사람의 진가가 드러난다

날씨가 추워져야 비로소 소나무나 잣나무가
상록수라는 사실이 드러난다.
위기에 처해야 누가 정말로 힘이 있는지 드러난다.

자한 편. 29

119 용자(勇者)와 지자(知者)와 인자(仁者)

용자(勇者)란 두려워하지 않는 사람이다.
지자(知者)란 유혹에 져 스스로 나아가야 할 도(道)를
잃는 일이 없는 사람이다.
인자(仁者)란 스스로의 마음으로부터도 주위 사람의
마음으로부터도 근심을 없애는 일이 가능한 사람이다.

자한 편. 30

120 모두 함께할 수는 없다

함께 공부하는 사람 가운데 몇만 함께
도(道)에 나아갈 수 있다.
함께 도에 나아가는 사람 가운데 몇만 함께
뜻을 세울 수 있다.
함께 뜻을 세우는 사람 가운데 몇만 함께
일을 도모할 수 있다.

자한 편. 31

121 이것은 진정한 사랑이 아니다

"당체(唐棣)꽃[16]이 훨훨 날아 돌아오네. 그대의 사랑이라 생각은 하지만, 어찌 그대의 집은 이리도 멀기만 한지."
라는 노래에 대해서 공자가 말했다.
"이 녀석은 아직 생각이 부족해. 진정한 사랑이라면 멀다는 투정은 있을 수 없어."

자한 편. 32

---

16 중국 고전에 많이 등장하는 정원수. 산앵두나무라고 하는 이도 있고 배나무라고 하는 이도 있다.

122 마구간에 불이 났을 때

공자의 집 마구간이 불탔다.
공자는 퇴근하여 와서,
"사람이 다치지는 않았는가?"라고 물었다.
말에 대해서는 묻지 않았다.

향당 편. 13

123 제자를 잃다

아끼는 제자 안연이 죽자 공자는 탄식하였다.
"아아! 하늘은 나를 망쳤다. 하늘은 나를 망쳤다."

선진 편. 9

124 죽음에 대해 묻다

제자 자로가 귀신을 모시는 일에 대해 공자에게 물었다.
공자는 답했다.
"이제껏 사람 섬기는 일도 제대로 할 수 없는데,
어떻게 귀신을 섬길 수 있는가."
자로는 또 물었다.
"선생님, 감히 죽음에 대해서 여쭙습니다."
공자는 답했다.
"이제껏 삶도 제대로 알지 못하는데,
어떻게 죽음을 알겠는가."

선진 편. 12

125 지나침은 미치지 못함과 같다

제자 자공이 공자에게 제자들에 대해 물었다.
"자장과 자하 중 누가 더 뛰어납니까?"
공자는 답했다.
"자장은 지나치고, 자하는 부족하다."
자공이 한 번 더 물었다.
"그렇다면 자장 쪽이 뛰어나다는 것입니까?"
공자는 말했다.
"지나침은 미치지 못함과 같으니, 지나치다는 것은 부족하다는 것과 같은 것이다."

선진 편. 16

126 훌륭한 지(志)가 아니어도 좋다

공자가 제자들에게 장래에 하고 싶은 일에 대해 물었다.
제자 셋이 각각 정치나 학문에 대한 뜻을 말했다.
증석이라는 제자에게 공자가 말을 걸었다.
"증석, 그대는 어떤가?"
"세 사람 같은 훌륭한 것은 없습니다."
"그것은 신경 쓸 필요 없다. 그대의 지(志)를 말해보라."
증석은 말했다.
"봄이 저물 무렵에 봄 옷을 입고, 젊은이 대여섯 명과
어린아이 예닐곱 명과 함께, 냇가에서 놀고,
기우제의 춤을 추는 언덕까지 산보하고,
노래하면서 돌아오고 싶습니다."
공자가 감탄하면서 말했다.
"아아, 그 의견에 찬성이다!"

선진 편. 26

127 인(仁)이란 무엇인가 1

제자 안연이 공자에게 인에 대해 물었다.
공자는 답했다.
"무의식을 포함한 자신의 모습을 반성하고, 외면하고 싶은 사실까지 받아들여, 자기를 바꾼다. 이 같은 과정을 거쳐 사람과의 조화에 따라 예(禮)를 실현한다. 이것이 '극기복례(克己復禮)'이다. 이것이 가능하면 '인'이다. 군자가 하루라도 극기복례 한다면 천하가 인이 된다. 그러나 인의 실현은 스스로만 할 수 있다. 누구도 대신해줄 수 없다."
안연이 말했다.
"부디 그 비결을 가르쳐 주십시오."
"예가 아닌 것은 보아서는 안 된다. 예가 아닌 것은 들어서는 안 된다. 예가 아닌 것은 말해서는 안 된다. 예가 아닌 것은 해서는 안 된다."
안연이 말했다. "저는 하찮은 인간에 지나지 않지만, 그 말씀에 따라서 살아가겠습니다."

안연 편. 1

128 인(仁)이란 무엇인가 2

제자 중궁이 공자에게 인에 대해서 물었다.
공자는 답했다.
"문을 나서서 남과 교제할 때에는 늘 중요한 손님을 대하는
것처럼 하고, 백성을 시켜서 공사 같은 것을 할 때에는
중요한 제사를 지내듯이 엄숙히 행한다.
비록 명령할 수 있는 자리에 있더라도, 내가 하고 싶지
않은 일을 남에게 시켜서는 안 된다. 그러면 나라 안에
원망하는 일이 없고, 집안에 원망하는 일이 없다."
중궁이 말했다.
"저는 하찮은 인간에 지나지 않지만, 그 말씀에 따라서
살아가겠습니다."

안연 편. 2

129 걱정이 없고 두려움이 없는 사람

제자 사마우가 공자에게 군자에 대해 물었다.
공자는 답했다.
"군자는 걱정이 없고 두려움이 없는 사람이다."
사마우가 거듭 물었다.
"걱정이 없고 두려움이 없다면, 그것으로 군자라 말할 수 있는 것입니까?"
공자는 말했다.
"마음속에 꺼림칙한 바가 없다면 대체 무엇을 걱정하고 무엇을 두려워한다는 것인가."

안연 편. 4

130 군자에게 형제란

사마우가 걱정하며 말했다.
"남은 모두 형제가 있는데, 나는 형제가 없다."
자하가 말했다.
"선인들은 이렇게 말씀하셨다. '삶도 죽음도 운이다.
부(富)도 지위도 하늘에 달렸다'라고.
하늘이 내리지 않은 형제를
이제 와서 어찌하리오.
군자라면 모든 사람에게 경의를 표하고
예를 다해 대한다.
공손히 예를 실현한다면 세계는 모두 형제다.
형제가 없다는 걱정을 할 필요가 없다."

안연 편. 5

131 신뢰의 중요성

위나라의 관료이자 공자의 제자인 자공이
정치에 대해 물었다.
공자는 답했다.
"먹을거리를 풍부하게 하고 군사력을 탄탄하게 해서 백성이
정부를 신뢰하도록 하는 것이다."
"도저히 어쩔 수 없어 이 세 가지 중 하나를 버려야 한다면
어떤 것을 택해야 합니까?"
"군비를 충분히 하는 것을 단념한다."
"도저히 어쩔 수 없어서 남은 두 가지 중 하나를 버려야
한다면 어떤 것을 택해야 합니까?"
"먹을거리를 충분히 하는 것을 단념한다. 누구나 결국은
죽는다. 그러나 백성이 정부를 신뢰하지 않으면 사회는
유지될 수 없다. 신뢰의 부재로 인한 재앙은 먹을거리의
결핍보다도 위험하다."

안연 편. 7

132 백성이 풍요로우면 군주도 풍요하다

정나라 임금 애공이 공자의 제자 유자에게 물었다.
"기근으로 올해 세수가 부족하다. 어떻게 하면 좋을까?"
유자가 답했다.
"세율을 원래의 10%만 거두시면 어떨는지요?"
애공이 말했다.
"20%도 부족할 텐데, 어떻게 10%로 하겠는가?"
유자가 말했다.
"백성이 풍요로워야 군주도 풍요합니다. 백성이 궁핍하다면 군주도 풍요로워질 수 없습니다."

안연 편. 9

133 덕(德)과 미혹

제자 자장이 공자에게 덕을 높이는 일과 미혹(迷惑)[17]에
대해서 물었다.
공자는 답했다.
"자기 자신의 마음 한가운데에 단단히 세운 '충(忠)'을
실현하고, 마음과 말을 일치시킨 '신(信)'을 지키고,
그럼으로 인해 스스로 해야만 한다고 느껴지는 일
곧 '의(義)'에 따라 행동한다. 이것이 덕을 높이는 일이다.
사랑하는 사람이 있으면 그가 오래 살았으면 하고, 미워하는
사람이 있으면 그가 빨리 죽었으면 하는 것이 인정(人情)이다.
그러나 인간은 왕왕 머리가 혼란스럽게 되어서,
사람을 사랑하고 있는지 미워하고 있는지 헷갈리고 만다.
그 사람이 살았으면 싶다 생각하는데 금방 또
죽었으면 싶다 생각하기도 한다. 이것이 미혹이다."

안연 편. 10

---

17 무엇에 홀려 정신을 차리지 못하거나 정신이 헷갈려 갈팡질팡 헤맴.

134 군자는 사람을 성장시킨다

군자는 타인의 훌륭함을 끌어내 성장시킨다.
그래서 그 사람의 나쁜 점이 밖으로 드러나
커가지 않도록 돕는다.
소인은 그것을 반대로 한다.

안연 편. 16

135 군자는 바람 소인은 풀

노나라의 관리 계강자(季康子)가 공자를 찾아와 정치에 대해 물었다.
"도에 벗어난 자를 죽이고, 도에 따르는 자를 등용하는 것은 어떻습니까?"
공자가 답했다.
"정치를 하는 사람은 누군가를 죽이겠다는 뜻을 품을 필요가 없습니다. 당신이 선(善)을 행하고자 하면 백성은 절로 선하게 되니까요. 군자와 민중과의 관계의 본질은 바람과 풀의 관계와 같습니다. 바람이 부는 대로 풀은 나부낍니다."

안연 편. 19

136 벗에 대하여 해야만 하는 일

제자 자공이 벗에 대하여 물었다.
공자는 답했다.
"내가 느끼는 마음을 그대로 상대에게 알리고,
내가 훌륭하다 생각하는 쪽으로 상대를 이끈다.
이것이 벗으로서 해야만 하는 일이다.
그러나 상대가 들어주지 않는다면
그 이상은 할 도리가 없다.
무리하게 내 생각을 밀어붙인다면
결국 상처받는 쪽은 내가 될 것이다."

안연 편. 23

7장. 착함과 정직함이 있다

자로(子路) 편에서

137 재능 있는 사람을 찾는 방법

제자 중궁이 공자에게 정치에 대해서 물었다.
공자가 답했다.
"무엇보다 좋은 사람을 등용하는 것이 중요하다.
작은 허물을 따지지 말고, 재능 있는 사람을 찾아내어
추천해야만 한다."
중궁이 거듭 물었다.
"재능 있는 사람을 찾아내려면 어떻게 해야 합니까?"
공자는 답했다.
"네가 아는 사람을 추천하면 된다. 그러면 다른 사람들도
각자 자신이 아는 좋은 사람을 놓쳐서는 안 된다며
데려올 것이다."

자로 편. 2

138 정치는 이름을 바로 하는 것으로부터 시작한다 1

제자 자로가 물었다.
"위기에 빠진 위(衛)나라의 군주가 선생님을 고문으로
모시고 정치를 한다면, 어디부터 손을 대시겠습니까?"
공자는 답했다.
"이름을 바로 하는 것부터라네."
"선생은 정말로 멀리 돌아가시는군요. 이름을 바로 하는
것이란 무엇입니까? 그것이 위기에 빠진 위나라를 당장
구할 수 있겠습니까?"
공자는 말했다.
"자로, 그리 난폭하게 말해서는 안 되네. 군자는 자신이 잘
알지 못하는 일에는 말을 삼가야 한다네.
이름이 바르지 않다는 것은, 말이 현실을 반영하지 못한다는
뜻이네. 그러면 사람들은 사실을 제대로 인식할 수 없기
때문에, 당연히 일도 잘 풀리지 않게 되는 거지."

자로 편. 3-1, 3-2

139 정치는 이름을 바로 하는 것으로부터 시작한다 2

일이 잘 풀리지 않으면 사람들의 관계가 껄끄러워지고
커뮤니케이션이 어긋나게 된다.
그렇게 되면 사람들 사이에 오가는 말과 행동에 믿음이
실리지 않고 하찮아진다.
이런 상태에서는 모두가 자기 몸과 안위를 돌볼 뿐,
진정한 말을 입에 올리려 하지 않는다.
그래서는 누가 나쁜 일을 저지르고 누가 바른 일을 하고
있는지, 전연 알지 못하게 된다.

그렇게 되면 바른 척하는 자가 바른 사람처럼 보이고,
형벌이 정당성을 잃는다.
형벌이 정당성을 잃으면 백성은 자신이 보호받지 못한다고
느끼게 되고, 정부에 대한 신뢰가 깨진다. 또한 불안감에
어떻게 행동하면 좋을지 모르고 헤매게 된다.
이렇게 되어서는 조직도 사회도 끝장나는 것이다.

따라서 군자는 사물마다 각각에 어울리는 이름을 주고,
어떤 압력에도 굴하지 않고 그 말을 입에 올려야만 한다.

그래야만 바른 정치가 실현된다.
군자는 이름을 바로 하는 이 과정에 조금의 가감도 있어서는 안 된다.

자로 편. 3-3, 3-4, 3-5

140 지식이 많은 것만으로는 의미가 없다

《시경》 300편을 다 읽고 배웠더라도
실제 정무(政務)에서 제 역할을 하지 못하고,
다른 나라 사신으로 가 혼자 일을 해결하지 못한다면
아무 의미 없다.

자로 편. 5

141 몸가짐을 바르게 한다

나의 몸가짐이 바르면 누구에게 어떤 명령을 하지 않아도 매사가 잘 풀린다.
나의 몸가짐이 바르지 않으면 반드시 필요한 명령이라도 다른 이들이 따르지 않는다.

자로 편. 6

142 착한 사람이 백 년을 다스리면

착한 사람이 한 나라를 백 년 다스리면 사람들 사이에
잔인한 마음이 전파되는 것이 억제되고,
그 결과 사형을 폐지해도
사회가 유지된다고 한다.
정말일까, 이 말은?

자로 편. 11

143 인(仁)이 실현되기까지는 시간이 걸린다

진짜 왕이 나타났다 할지라도
지금 이 사회에서 인이 실현되려면 한 세대는 걸린다.
통치자가 인을 가지고 있는지가 문제이기 때문에,
인이라고 밝혀지면 다음은 안달하지 않고 기다릴 뿐이다.

자로 편. 12

144 나라를 번성하게 하는 말

정나라의 임금 정공(定公)이 공자를 찾아와 물었다.
"한마디로 나라를 번성하게 할 수 있는 말이 있습니까?"
공자가 답했다.
"정확하지는 않지만 거기에 가까운 말은 있습니다.
어떤 분인가 이렇게 말했습니다.
'군주답기는 어렵고, 신하답기도 쉽지는 않다'
군주의 어려움을 이해하는 신하가 많은 나라라면 그 나라는 번성할 수 있을 것입니다."

자로 편. 15-1

145 나라를 무너뜨리는 말

정공이 공자에게 다시 물었다.
"한마디로 나라를 무너뜨릴 수 있는 말이 있습니까?"
공자가 답했다.
"정확하지는 않지만 거기에 가까운 말은 있습니다.
어떤 분인가 이렇게 말했습니다.
'나는 군주답다는 것을 즐기지는 않지만, 나의 말에 누군가가
복종하고, 듣지 않는 일이 없다는 것은 매우 즐겁다.'
군주의 말이 훌륭하여 이에 감복해 신하와 백성들이
자연스럽게 복종한다면 그것은 좋습니다.
그러나 만약 군주의 말이 훌륭하지 않은데 신하와 백성들이
복종한다면, 나라가 무너지는 것에 가깝다고 생각합니다."

자로 편. 15-2

146 가까운 사람은 기쁘고, 먼 사람은 그리운 것

초나라의 정치가 섭공(葉公)이 공자를 찾아와
이상적인 정치에 대해서 물었다.
공자는 답했다.
"가까운 사람은 기쁘고, 먼 사람은 그리워서 찾아오는 것이
이상적인 정치입니다."

자로 편. 16

147 서두르지 않고, 작은 이익을 좇지 않고

제자 자하가 거보(莒父)라는 마을의 촌장이 되어
공자에게 정치에 대해 물었다.
공자는 답했다.
"서두르지 마라. 작은 이익을 좇지 마라.
서두르면 도리어 원하는 바를 달성할 수 없다.
작은 이익에 집착하면 큰일은 할 수 없다."

자로 편. 17

148 정직한 사람

초나라 정치가 섭공이 공자에게 말했다.
"우리 마을에 매우 정직한 가족이 있습니다. 아버지가 양을 훔친 것을 본 아들이 아버지의 잘못을 관아에 고발하였지요."
공자가 말했다.
"우리 마을과는 좀 다르군요. 우리 마을에 사는 정직한 아버지는 아들의 잘못을 감싸주고, 아들은 아버지의 잘못을 감싸주더군요. 저는 이 같은 자연스러운 감정이야말로 정직이라고 생각합니다."

자로 편. 18

149 중용(中庸)에 유념하다

중용의 도를 아는 사람과 함께 일을 도모하고 싶다.
중용의 도를 아는 사람은 선후를 생각하지 않는
사람(狂者, 광자)과 극단적으로 신중한 사람(狷者, 견자)
양쪽의 장점을 모두 갖추고 있기에 좋다.
선후를 생각하지 않는 사람은 자신에게 너무나 정직해서
자기의 감각에 따라 앞으로 나아가려 한다.
신중한 사람은 작은 일에 깊게 신경을 쓰는 나머지
아무 것도 하려 하지 않는다.
중용의 도를 아는 이는 둘 사이에서 균형을 잘 맞춘다.

자로 편. 21

150 조화와 동조의 차이

군자는 사람들과 조화롭게 어울릴 뿐,
상대 의견에 자신의 의견을 맞추지 않는다.
소인은 상대 의견에 자신의 의견을 맞출 뿐,
조화롭게 어울리지 않는다.

자로 편. 23

151 누구에게 사랑받고 누구에게 미움받는가

자공이 공자에게 물었다.
"아는 사람 모두를 좋아하면 어떻습니까?"
공자는 답했다.
"그래서는 안 된다."
"그럼 아는 사람 모두를 미워해야 합니까?"
"그런 것도 안 된다.
아는 사람 가운데 선한 사람으로부터는 사랑을 받고,
선하지 못한 사람으로부터는 미움받는다.
이것이 이상적이다."

자로 편. 24

152 군자를 섬기는 방법, 소인을 섬기는 방법

군자를 섬기기는 쉽지만, 군자를 기쁘게 하기는 어렵다.
왜냐하면 군자는 자신을 섬기는 자가 자기의 도를 내보이며
성장하지 않으면 기뻐하지 않기 때문이다. 군자는 그 사람의
재능과 기량을 면밀히 살펴, 상대에게 도움이 되는 방식으로
사람을 쓴다.

소인을 섬기기는 귀찮지만, 소인을 기쁘게 하기는 간단하다.
왜냐하면 소인을 기쁘게 하기 위해서는 도(道)와 관계없이,
겉모양만 얼버무려도 충분하기 때문이다.
소인은 자기 몸을 지키기 위해서만 사람을 쓴다.

자로 편. 25

153 군자는 뽐내지 않는다

군자는 느긋하고 차분하며, 뽐내지 않는다.
소인은 뽐낼 뿐, 여유가 없고 차분하지 않다.

자로 편. 26

154 인(仁)에 가까운 사람

강직한 사람, 의연한 사람, 소박한 사람, 말 없는 사람.
이런 사람들이 인에 가깝다.

자로 편. 27

155 선비란 어떤 사람인가

제자 자로가 물었다.
"어떤 사람을 도(道)에 뜻을 둔 '선비'라 말할 수 있습니까?"
공자가 답했다.
"지조를 품고 끈기 있게 곰곰이 생각하고, 상냥한 태도를
갖추었다면 '선비'라 할 수 있다.
선비가 벗을 대할 때는 지조 있고 끈기 있게 곰곰이
생각하고, 형제를 대할 때는 상냥하고 부드러울 것이다."

자로 편. 28

156 진실을 가르치라

백성에게 진실을 가르치지 않고 싸움에 임하게 하는 것은
손을 놓아버리는 것과 다름없다.

자로 편. 30

8장. 군자의 말과 행실을 배운다

헌문(憲問) 편에서

157 인(仁)이 무엇인지 알지 못한다

"지지 않으려는 욕심, 자만, 원한을 품은 마음, 욕망이 없다면 인(仁)입니까?"
라고 묻자 공자는 답했다.
"과연 그런 마음을 갖춘 사람이 있을지 모르겠구나. 게다가 나는 아직도 인이 무엇인지 제대로 알지 못한다."

헌문 편. 2

158 말을 부드럽게 하라

사회가 도(道)를 좇는다면 위험을 무릅쓰고 곧은 말을 하고,
행동도 같은 모양으로 한다.
사회가 도를 좇지 않는다면 위험을 무릅쓰고 행동하지만
말은 부드럽게 한다. 말이 너무 곧아 지나치게 두려워하거나
싫어하는 것이 드러난다면 역효과이기 때문이다.

헌문 편. 4

159 인자(仁者)와 용자(勇者)

덕 있는 사람은 반드시 반듯하게 말한다. 그러나 반듯하게 말하는 사람이 반드시 덕이 있다고 할 수는 없다.
인자(仁者)는 반드시 용자(勇者)이다. 그러나 용자가 반드시 인자라고 말할 수는 없다.

헌문 편. 5

160 소인에게 인(仁)은 없다

군자라 할지라도 모두 인(仁)을 갖춘 것은 아니다.
그러나 소인이면서 인을 갖춘 사람은 없다.

헌문 편. 7

161 가난을 원망하지 않는 것은 어렵다

가난하면서 그것을 원망하지 않는 것은 어렵다.
부유하면서 자랑하지 않는 것은
그에 비하면 훨씬 쉬운 것이다.

헌문 편. 11

162 임금 앞이라도

제자 자로가 임금을 섬기는 일에 대해서 물었다.
공자는 답했다.
"거짓을 말해서는 안 된다. 주눅들지 말고
말해야만 하는 것을 말하라."

헌문 편. 23

163 군자와 소인의 방향

군자는 자신의 생각을 위로 도달시킨다.
소인은 자신의 생각을 아래로 내리누른다.

헌문 편. 24

164 자신을 위해 공부하라

옛날 공부하는 사람들은 자기 자신 때문에 배웠다.
지식이란 그런 것이다.
그렇지만 오늘날 공부하는 사람들은 세상 때문에,
남 때문에 배우고 있다.
끔찍하게 타락했다.

헌문 편. 25

165 말의 뒤틀림은 행동의 허물로 이어진다

군자는 자신의 말이 뒤틀리고, 그 결과 스스로의 행동이 허물이 되는 것을 부끄러워한다.

헌문 편. 29

166 군자의 세 가지 도(道)

공자가 말했다.
"군자에게 도(道)가 되는 것은 세 가지 있지만, 나는
그 어느 것도 할 수 없다.
인자(仁者)는 걱정하지 않는다. 지자(知者)는 헷갈리지 않는다.
용자(勇者)는 두려워하지 않는다."
제자 자공이 말했다.
"선생님 스스로 다짐하며 하신 말씀으로 듣겠습니다."

헌문 편. 30

167 타인을 비판할 틈이 없다

제자 자공이 타인을 비판했다.
이것을 들은 공자가 말했다.
"자공은 너무 영리하군. 나는 나를 돌아보는 데에도 바빠서 남을 비판할 틈이 없는데."

헌문 편. 31

168 슬기로움이란

남에게 속지 않을까 걱정하여 이리저리 손을 쓰거나
신뢰받지 못할까 여기저기 두루 마음을 쓴다.
이와 같은 행동은 슬기로움을 갖춘 현인(賢人)이 할 짓은
아니다.
그러지 않고 느긋하게 있으면서 무슨 일이 있으면 맨 먼저
생각이 미치는 것이 슬기로움이라는 것이다.

헌문 편. 33

169 얽매이는 것이 싫다

노나라 사람인 미생묘(微生畝)가 공자를 평했다.
"당신은 어째서 그렇게 바쁘십니까? 그러다가 결국 이 사람 저 사람에게 장단을 맞추어 아첨하려는 것 아닙니까."
공자는 이렇게 답했다.
"장단을 맞추어 아첨하려는 뜻이 아니오. 나는 뭔가에 얽매이는 것이 싫을 뿐이오."

헌문 편. 34

170 능력이 아니라 덕(德)이 명예롭다

명마(名馬)라는 명예로운 호칭은 말의 성질이 뛰어날 때 붙는다. 능력은 그 다음이다.
사람도 마찬가지다. 능력보다는 성품, 곧 덕을 명예롭게 여겨야 한다.

헌문 편. 35

171 원망에 대해서는 정직함으로 갚는다

어떤 사람이 물었다.
"원망하는 마음을 오히려 은혜와 덕으로 갚는 것은
어떻습니까?"
공자가 답했다.
"그것은 맞지 않지요. 원망하는 마음에 대해서는 솔직한
태도로 갚고, 덕에 대해서는 덕으로 갚는 것이 좋겠지요."

헌문 편. 36

172 불가능한 것을 지향하는 사람

공자의 제자 자로가 성 밖에 나갔다가 늦어져 돌문이 벌써 닫혀 있었다. 그 모습을 보고 문지기가 말했다.
"누구십니까?"
자로가 답했다.
"공자의 제자입니다."
문지기가 말했다.
"아. 할 수도 없는 일을, 그걸 알면서도 하고 계시는 그분 말입니까?"

헌문 편. 40

173 자신의 태도를 물어서 고친다

제자 자로가 공자에게 군자가 되려면 어떻게 해야 하는지 물었다.
공자는 답했다.
"자기 자신의 태도를 물어서 고치라. 겸허하게 될 것이다."
"그런 것뿐입니까?"
"자신의 태도를 물어서 고치라. 그러면 남에게도 평안을 가져다줄 수 있을 것이다."
"그런 것뿐입니까?"
"자신의 태도를 물어서 고치라. 그러면 만민에게 평안을 가져다줄 수 있을 것이다. 이것은 요순(堯舜)임금도 할 수 없어 고생했던 일이다."

헌문 편. 44

9장. 지식을 나눈다

위령공(衛靈公) 편에서

174 소인은 곤궁하면 허둥댄다

공자 일행이 진(陳)나라에 있을 때,
먹을 것이 떨어지고 말았다.
공자와 일행은 배고픔에 지쳐 서 있기조차 불가능한 상태가 되었다.
제자 자로가 화가 나 공자에게 말했다.
"군자도 또한 이렇게 곤궁한 것입니까?"
공자는 답했다.
"군자도 당연히 곤궁하다. 다만 소인은 곤궁하면 허둥대고 형편없어지게 된다."

위령공 편. 2

175 한 가지만 꿰뚫고 있어도

공자가 제자 자공에게 말했다.
"자공, 그대는 혹시 내가 많은 것을 배우고 그것을 기억하고 있는 사람이라 생각하지는 않는가?"
"그렇습니다. 틀립니까?"
"틀리다. 나는 단지 한 가지만 꿰뚫고 있을 뿐, 거기서부터 각각의 상황에 맞추어 말하고 있는 것이다."

위령공 편. 3

176 무엇도 하지 않고서 세상을 다스린다

무엇도 하지 않고서 다스려냈던 사람이 바로 순(舜)임금이다.
그렇다면 그는 무엇을 했는가.
자기 몸을 공손하게 삼가고, 남쪽을 향해서 왕좌에 앉아
있었을 뿐이었다.

위령공 편. 5

177 언제 말을 해야 하는가?

이야기를 나눠야만 하는 상황에서 말하지 않으면
상대는 가버린다.
이야기를 나눌 필요가 없는 상황에서 말하면
상대는 말꼬리를 거두고 만다.
지식이 많고 사리에 밝은 사람은 이것을 알고
상대를 가버리게 하는 일도,
말꼬리를 거두게 하는 일도 만들지 않는다.

위령공 편. 8

178 목숨을 버려 인(仁)을 이룬다

도(道)에 뜻을 둔 선비나 학습 과정을 끝까지 지킨
인(仁)의 사람은
목숨이 아까워 인을 해치는 일은 하지 않는다.
아깝기는커녕 목숨을 바칠 각오로 인을 이루는 일마저 있다.

위령공 편. 9

179 나와 관계 없는 일

나와 관계 있을 것 같은 일을 '나와는 관계 없는 일'이라 말하면서 무시한다면,
반드시 나와 나의 주위에 좋지 않은 일이 닥친다.

위령공 편. 12

180 생각하지 않는 사람은 가르칠 수 없다

"이것을 어떻게 하면 좋을까? 어떻게 하면 좋을까?"하며 이리저리 고민하지 않는 사람을 어찌 가르칠 수 있을까? 나는 그 방법을 알지 못한다.

위령공 편. 16

181 자기가 가진 지식을 자랑만 하는 이는

여럿이 모여 종일 이야기를 나누면 무얼 하나.
그 안에 의미 있는 이야기는 하나 없고
얕고 약은 지식만 가득한 것을.
자기가 가진 지식을 자랑하기만 하는 자들은
구제하기 어렵다.

위령공 편. 17

182 군자가 걱정하는 것 1

군자는 자신에게 능력이 없는 것만을 걱정한다.
타인에게 자신이 알려지지 않는 일 따위는 걱정하지 않는다.

위령공 편. 19

183 군자가 걱정하는 것 2

군자는 자신이 살아 있는 동안의 명성이 아니라
죽어서의 명성을 걱정한다.

위령공 편. 20

184 군자는 불순하게 무리짓지 않는다

군자는 긍지가 높지만
타인과 평가를 비교하는 일을 하지 않고,
많은 친구가 있지만
불순하게 무리지어 힘을 과시하지 않는다.

위령공 편. 22

185 자신이 하고 싶지 않은 일을 남에게 해서는 안 된다

제자 자공이 공자에게 물었다.
"일생동안 행해야만 하는 일을 한 마디로 표현해주실 수 있습니까?"
공자가 답했다.
"그것은 '서(恕)'이다. 자신이 하고 싶지 않은 일을,
'명령이니까' 혹은 '어쩔 도리가 없기 때문에' 라는
핑계를 대며 남에게 시켜서는 안 된다.
내가 하고 싶지 않은 바를 남에게 베풀지 않는 것,
그것이 '서(恕)'이다."

위령공 편. 24

186 속임수로는 위기를 벗어날 수 없다

위기에 처했을 때,
말을 꾸며서 갖가지 속임수로 벗어나려 하면
자신의 본질이 무너지고, 덕(德)이 흔들린다.
사전에 작은 문제를 빈틈없이 파악하여 대응해 두지 않으면
큰일이 어그러지고 혼란에 빠지고 만다.

위령공 편. 27

187 허물을 고치지 않는 것이 허물이다

허물을 저지르면서 그것을 고치지 않는 것을 허물이라 한다.

위령공 편. 30

188 생각만 하지 말고 공부하라

종일 먹지 않고, 자지 않고 오로지 생각만 한 적이 있었지만 어떤 이익도 얻지 못했다.
아무리 깊은 생각도 배우는 것과는 비할 수 없다.

위령공 편. 31

189 군자는 인식의 틀을 쇄신할 수 있다

군자는 표면적인 지식을 수집하는 일에 서툴지만,
세상을 바라보는 인식의 틀을 새로이 정의할 줄 안다.
소인은 표면적인 지식을 수집하는 일에 능하지만,
인식의 틀은 쇄신하지 못한다.

위령공 편. 34

190 때로는 선생의 가르침을 무시하라

인(仁)으로 가는 길에 선생의 가르침이 장해(障害)[18]가 된다면 고민할 필요 없다. 가르침을 무시하면 된다.

위령공 편. 36

---

18 하고자 하는 일을 막아서 방해함.

191 중요한 것은 스승의 능력

가르치는 자가 진실을 가르치는지 아닌지가 문제이지, 가르침을 받는 자의 소질은 관계없다.

위령공 편. 39

192 상대에게 생각이 이르도록

아무리 많은 말을 해도, 그 말에 담긴 생각이
상대에게 전해지지 않는다면 아무런 의미가 없다.

위령공 편. 41

193 눈 먼 악사를 대할 때

공자가 눈 먼 악사 면(冕)과 만났다.
계단 앞에 이르자 공자는 "계단입니다"라고 말했다.
자리 앞에 이르자 공자는 "자리입니다"라고 말했다.
모두가 앉자 공자는 "누구누구는 여기에, 누구누구는 여기에 있습니다"라고 한 사람 한 사람 설명했다.
악사가 돌아가자 제자인 자장이 "이것이 눈 먼 악사와 대화하는 방식입니까?"라고 물었다.
공자는 답했다.
"그렇다. 이것이 눈 먼 악사를 대하는 방식이다."

위령공 편. 42

10장. 좋은 사람과 함께한다

계씨(季氏) 편, 양화(陽貨) 편, 미자(微子) 편,
자장(子張) 편, 요왈(堯曰) 편에서

194 유익한 벗, 유해한 벗

유익한 벗이 세 종류, 유해한 벗이 세 종류 있다.

솔직한 친구, 도리를 아는 친구, 박식한 친구는 유익하다. 달콤한 말을 걸어오는 친구, 착한 사람이지만 겁이 많은 친구, 수다스러운 친구는 유해하다.

계씨 편. 4

195 유익한 즐거움, 유해한 즐거움

유익한 즐거움이 세 종류, 유해한 즐거움이 세 종류 있다.

예의나 음악을 즐기는 것, 남의 뛰어난 점을 말하는 것,
현명한 친구를 많이 가진 것은 유익한 즐거움이다.
제멋대로 큰소리치고 소란을 피우는 것, 게으르게 노는 것,
과음을 즐기는 것은 유해한 즐거움이다.

계씨 편. 5

196 군자가 존경해야 할 세 가지 일

군자는 세 가지 일에 존경을 표한다.

하늘의 명령에 존경을 표하고, 훌륭한 사람에게
존경을 표하고, 성인의 말에 존경을 표한다.
소인은 하늘의 명령을 이해하지 못하기 때문에
존경을 표하지 않고, 훌륭한 사람 앞에서 무람없이 굴고,
성인의 말을 업신여긴다.

계씨 편. 8

197 아홉 가지 중요한 일

군자는 아홉 가지 중요한 일을 늘 생각한다.

무엇을 보면서는 그 속까지 명확히 이해한다.
무엇을 들으면서는 그 본질을 생각한다.
표정은 온화하게 한다.
용모는 단정하고 공손하도록 신경 쓴다.
말을 할 때는 마음에서 우러난 것만 한다.
남을 섬길 때에는 존경하는 마음을 가진다.
의심스러운 일이 있으면 진실을 묻는다.
분노를 터뜨릴 때에는 그렇게 하지 않았을 때에 생길
해악을 먼저 생각한다.
이익을 얻을 기회가 있으면 그 일의 의미를 먼저 생각한다.

계씨 편. 10

198 태어나 익힌 것의 중요함

인간이 태어날 때의 성질은 서로 비슷하다.
태어난 뒤 살면서 익힌 것으로
사람은 각기 다른 성정을 가지고 각기 다른 길을 가게 된다.

양화 편. 2

199 원하는 것만 있고 잘 배우지 않으면

인(仁)이고 싶다 생각하면서 잘 배우지 않으면,
소질이 늘지 않고 잡풀만 무성하게 되어 우둔해지고 만다.
지(智)를 구하면서 잘 배우지 않으면,
소질이 늘지 않고 잡풀만 무성하게 되어 아는 체하게 된다.
말과 마음을 일치시키려 하면서 잘 배우지 않으면,
소질이 늘지 않고 잡풀만 무성하게 되어 배신자가 되고 만다.
솔직하고 싶다고 하면서 잘 배우지 않으면,
소질이 늘지 않고 잡풀만 무성하게 되어 교유관계가
좁아지고 결국 쓸쓸한 인간이 된다.
용감해지고 싶다고 하면서 잘 배우지 않으면,
소질이 늘지 않고 잡풀만 무성하게 되어 문젯거리 취급을
받고 만다.
강직해지고 싶다고 하면서 잘 배우지 않으면,
소질이 늘지 않고 잡풀만 무성하게 되어 미친 사람 취급을
받고 만다.

양화 편. 8

200 시를 배우라

어째서 《시경(詩經)》을 배우지 않는가?
시는 마음을 떨쳐 일어나게 하고, 세계를 보는 눈을 기르고,
사람들과 함께 사는 기술을 가르치고, 타인의 부당한 시선을
바르게 원망하는 법을 알려준다.
시를 배우는 사람은 가깝게는 가정에 공헌하고,
멀게는 사회에 공헌하고,
나아가 조수초목(鳥獸草木)[19]의 이름을 많이 알게 된다.
그렇게 가정이나 사회를 넘어
생태계까지 마음이 향하게 된다.

양화 편. 9

---

19 새와 짐승, 풀과 나무. 옛 사람의 생활상과 희로애락을 담은 유교 경전 《시경》에는 조수초목을 다룬 아름다운 시들이 많다.

201 목적과 수단을 헷갈리지 말라

수시로 예(禮)를 말하고 들먹이지만, 예란 무엇인가.
의례(儀禮)에 쓰는 옥(玉)이나 명주 실 같은 것이 예인가?
수시로 악(樂)을 말하고 들먹이지만, 악이란 무엇인가.
음악을 연주하는 데에 쓰는 징이나 큰북 같은 것이 악인가?

양화 편. 11

202 착한 사람이라 평가받는 이는

모두에게 착한 사람이라는 평가를 받는 사람은
덕(德)을 파괴하는 자이다.
모두에게 착한 사람이라는 평가를 받는다는 것은
그가 본심을 간파당하지 않도록
자신을 잘 포장하고 있다는 뜻이기도 하니까.
단지 나쁜 놈들로부터 미움을 받지 않는다는 것만으로는,
진정 착한 사람이라고 말할 수 없다.

양화 편. 13

203 옛날에는 이상하다고 여겨졌던 사람이

옛날에도 백성 중에는 세 종류의 이상한 사람이 있었다고들 말했지만,
이제는 그것마저도 아무것도 아닌 게 되고 말았다.

옛사람의 '광기'에는 느긋함이 있었지만,
오늘의 광기는 뒤죽박죽이다.
옛사람의 '긍지'에는 맑고 강직함이 있었지만,
오늘의 긍지는 사소한 것에도 미친 듯 화내는
귀찮은 놈이 되었다.
옛사람의 '어리석음'에는 솔직함이 있었지만,
오늘의 어리석음은 남을 교묘하게 속이는 사기일 뿐이다.

양화 편. 16

204 왜 삼년상을 치르는가?

공자의 제자 재아가 말했다.
"삼년상은 너무나도 깁니다. 군자가 3년이나 예를 닦지 않는다면 예가 몸에서 멀어지고 말 것입니다. 오래된 곡물이 떨어지고 새로운 곡물이 열매 맺기까지가 1년이므로, 상도 1년만 치르는 것이 어떨까요?"
공자가 답했다.
"부모님이 돌아가신 지 1년 만에 쌀을 먹고 비단옷을 몸에 걸치더라도 그대는 아무렇지도 않은 것인가?"
"아무렇지도 않습니다."
"그대가 아무렇지도 않다면 그렇게 하라. 무릇 군자가 상을 치른다는 것은 좋은 것을 먹더라도 맛있지 않고, 아름다운 음악을 듣더라도 즐겁지 않고, 머물러 있더라도 안정이 없는 상태이다.
그러므로 이제 그대가 아무렇지도 않다면 그렇게 하라."

재아가 물러나자 공자는 말했다.
"재아는 딱하구나. 마음이 닫혀서 인(仁)을 잃었고, 슬픔마저 느끼지 못하게 되었다. 어린아이는 태어나 3년이 되어서

겨우 부모의 품에서 벗어난다.
그러므로 삼년상은 천하의 법칙에 따른 행위인 것이다.
재아의 부모는 그를 키웠을 뿐이지 3년의 사랑을 주지 않았음에 틀림없다."

양화 편. 21

205 아무 말도 하지 않아서 좋다

공자가 말했다.
"가능하면 나는 아무 말도 하지 않으며 살고 싶다."
제자 자공이 말했다.
"선생님께서 아무 말도 하지 않으신다면, 저희는
무엇을 배우고 말하면 좋을까요?"
"하늘이 말하는 것을 본 적 있는가? 아무 말 하지 않아도
하늘을 좇아 사계절은 돌고 만물은 생장한다.
하늘이 계절과 만물에 어떤 말을 하던가?"

양화 편. 19

206 군자가 미워하는 것

제자 자공이 물었다.
"군자가 누군가를 미워하기도 합니까?"
공자가 답했다.
"미워하는 일이 있지.
남의 나쁜 점을 입에 올리는 자를 미워한다.
남의 밑에 있으면서 위에 선 사람에 대해 근거 없는
나쁜 말을 하는 자를 미워한다.
용기는 있지만 예가 없는 자를 미워한다.
일은 철저히 하지만 도리를 다하지 않는 자를 미워한다.
어떠냐 자공아, 그대도 미워하는 일이 있는가?"
자공이 말했다.
"남의 생각을 가로채서 그것을 자신의 생각이라고
말하는 자를 미워합니다.
오만투성이면서 그것을 용기라고 믿는 자를 미워합니다.
타인의 감춰진 일을 드러내고 그것을 훌륭한 행위라고
칭하는 자를 미워합니다."

양화 편. 24

207 공자와 은자(隱者)

장저(長沮)와 걸익(桀溺)이라는 은자[20]가 밭을 갈고 있었다. 공자가 그 곁을 지나다 제자 자로에게 나루터가 어디에 있는지 묻게 했다.

장저는 "저 마차의 손잡이를 쥐고 있는 사람이 누구인가요?"라고 물었다.
자로는 "공구(孔丘)입니다"라고 답했다.
장저는 "노(魯)나라의 공구인가요? 그렇다면 나루터 정도는 어디인지 알고 있을 텐데."
라고 말했다.

자로가 이번에는 걸익에게 물었다.
걸익은 "그대는 누구신가?"라고 물었다.
"자로입니다."
"그러니까 공구의 제자인가?"
"그렇습니다."
"도도하게 흐르는 것은 강물만은 아니라오. 천하 만물이

---

[20] 벼슬을 하지 않고 초야에 묻혀 지내는 사람.

모두 그렇지. 그것을 대체 누가 바꿔놓을 수 있겠나?
그대의 선생은 천하를 평안으로 이끄는 주군을 찾는답시고
이것도 아니다 저것도 아니다 비판하기만 하더군.
그렇게 해서 사람을 버리는 사람과 붙어 다니느니, 차라리
우리처럼 초야에 묻혀 사는 쪽을 택하는 것은 어떻소?"
걸익이 흙에 씨앗을 심는 손을 멈추지 않으며 말했다.

자로가 돌아와 이 일을 말하자 공자는 허탈해 하면서 답했다.
"아무리 사람이 싫다 한들, 사람이 새나 짐승과 무리지어
살 수는 없는 일이다. 인간과 함께하지 않고 대체 누구와
함께 있으려 하는가? 벗들과 함께 있지 않고서 대체 누구와
함께 있으려 하는가? 천하에 이미 도(道)가 세워져 있다면
내가 세상에 나올 필요도 없었을 것이다."

미자 편. 6

208 이성과 소인의 관계

이성과 소인과의 관계만큼 귀찮은 것은 없다.
둘의 거리가 가까워지면 소인은 이성을 예의없이 대한다.
이성이 소인의 이런 태도가 싫어 거리를 두려고 하면
이번에는 원망한다.

양화 편. 25

209 소인은 허물을 얼버무린다

공자의 제자 자하가 말했다.
"소인이 허물을 들키면 반드시 얼버무려서
핑계를 대려고 한다."

자장 편. 8

210 먼저 신뢰를 얻어야

공자의 제자 자하가 말했다.
군자는 백성의 신뢰를 얻은 뒤에야 비로소 백성을 쓰는 일이 가능하다.
신뢰할 수 없는 사람에게 쓰임을 받으면
백성은 자신을 괴롭힌다고 생각하기 때문이다.
군자는 주군의 신뢰를 얻은 뒤에야 비로소 간언[21]할 수 있다.
신뢰받지도 못하는데 의견을 말하면
주군은 그를 자신을 헐뜯는 사람이라 생각하고 말 것이다.

자장 편. 10

---

21 웃어른이나 임금에게 옳지 못하거나 잘못된 일을 고치도록 하는 말.

211 군자는 허물을 얼버무리지 않는다

공자의 제자 자공이 말했다.
군자가 허물을 범하는 것은 일식(日食)이나 월식(月食) 같은 것이다. 허물을 범하고서도 뒤로 숨거나 얼버무리지 않기 때문에, 세상 사람들은 모두 그것을 본다.
그리고 군자가 스스로 허물을 고치면 그것이 훌륭하다 생각해 우러러보게 된다.

자장 편. 21

212 공자는 누구에게 배웠을까

위(衛)나라의 벼슬아치 공손조(公孫朝)가 공자의 제자
자공에게 물었다.
"공자는 누구에게 배운 것입니까?"
자공이 말했다.
"옛날 문왕(文王)과 무왕(武王)이 연 도(道)는 사라지지 않고
사람들 사이에 존재합니다.
현명한 자는 도의 중요한 내용을 모두 기억하고 있고,
현명하지 않은 자도 조금이나마 기억하고 있습니다.
그리하여 선생은 만나는 모든 이들에게 배웠습니다.
그러니 따로 정한 스승 같은 것은 없습니다."

자장 편. 22

213 이것조차 알지 못하면

천명을 알지 못하면 군자라고 할 수 없다.
예를 알지 못하면 스스로 서는 일조차 할 수 없다.
상대의 말을 이해하지 못하면 타인을 이해하는 일은
할 수 없다.

요왈 편. 5

역자의 말

2500년의 시간을 건너
비로소 마음에 닿은 논어

상당한 시간 동안 공력을 들여 가르친 다음, 예수는 열두 제자를 모아 놓고 물었다.

"세상 사람들이 나를 무어라 하든?"

세례 요한입네, 엘리야입네, 예레미야나 선지자입네, 제자들은 그들이 들은 말을 고해 바쳤다.

"그럼 너희는 나를 누구라 하느냐?"

여기서 유명한 시몬 베드로의 대답이 나온다.

"주는 그리스도시요 살아계신 하나님의 아들이시니이다."

예수는 감격하였다. 무식한 어부였던 시몬의 입에서 나오리라 기대하지 못했던 대답이었던 모양이다. 서둘러 예수는 이것이 '하늘에 계신 네 아버지'가 알게 한 일이라 못박고, '너를 베드로라 할 것'이며, 이제 그 위에 교회를 세우고 '천국의 열쇠'를 주겠노라 약속하였다. 땅에서 매면 하늘에서도 매일 것이고, 땅에서 풀면 하늘에서도 풀린다는 열쇠는 오늘날 로마 교황청의 출발을 상징한다. 제1대 교황 베드로가 임명되는 순간이다.

공자에게도 비슷한 일이 있었다.

공자의 제자인 자로에게 초나라의 정치가 섭공이 "공자는 어떤 사람인가"라고 물었다.

자로는 어떻게 대답할지 몰라 머뭇거리고 말았다.

이 일을 듣고서 공자는 말했다.

"넌 어째 이렇게 말하지 못하였어? '발분(發憤)하면 먹는 것조차 잊고, 뭔가에 열중하면 고민스러운 일조차 잊고, 늙음이 닥쳐올 지라도 신경 쓰지 않고 있다. 그런 사람이다'라고."

《논어-술이(述而)》편에 나오는 대목이다.

예수와 달리 공자는 좀 씁쓸했겠다. 스승이 누구라고 설명할 줄도 모르는 제자를 두었으니 말이다. 굳이 자기 입으로 자기를 설명해야 하니 쑥스럽기도 했겠고.

후대의 유학자 주자(朱子)는 이 대목을 다음과 같이 점잖게 풀어주었다.

"깨닫지 못했을 때엔 깨닫고자 분발하여 먹는 것도 잊고(發

憤忘食), 도의 이치를 깨달은 뒤엔 너무도 즐거워서 근심을 잊는다(樂以忘憂). 이 두 가지를 날마다 부지런히 힘쓰면서도 여생이 조금밖에 남지 않았다는 것을 알지 못했고(不知老之將至), 다만 스스로 배우기만 좋아한다."

공자처럼 지극하고도 순수한 성인이 아니면 미칠 수 없는 도이다.
물론 예수와 공자의 캐릭터가 다르니 비교할 수는 없겠다. 그러나 하늘을 배경으로 삼은 예수나 어디까지나 사람으로 살고자 한 공자가 어떤 면에서는 한가지로 보인다. 다만 나에게는 하늘나라의 일보다 이 땅에서 내가 해야 할 일의 구체적인 틀이 공자를 통해 더 쉽게 다가온다.

껍데기로만 남은 《논어》

인간은 평생 배워야 살 수 있는 동물이다. 배움의 범위도 생활 지식부터 깊은 학문까지 무한하다. 그런 우리가 살면서 기억해야 할 공부의 원칙 중 《논어》의 첫 구절을 능가할 것이 또 있을까. 바로 '자왈 학이시습지 불역열호(子曰學而時習之不亦說乎)'이다.
홍사중 선생의 《나의 논어》를 읽다가 이 대목에서 책을 놓고 웃었다.

"제 가라사대, 학하고 시로 습하면 또한 기쁘디 아니하랴. 버디 원방으로부터 오면 또한 즐겁디 아니하랴……"

이렇게 옛 글방 훈장이 읽으면 어린이들은 소리를 높여 복창을 하며 외웠다. 왜 '자(子)'를 '제'라 부르냐니까 공자의 말씀을 말할 때에는 으레 '제왈'이라고 하는 법이라고 대답할 뿐 그 이유는 설명하지 않았다.

'자'를 '제'라 읽는 까닭은 우리 옛 문법을 조금 알면 금방 풀릴 문제이다. 옛 문법에서 주격조사 '이'는 세 가지로 쓰였다. 받침 있는 글자 아래서는 '이', 모음 아래서는 'ㅣ', ㅣ 모음 아래서는 생략이 바로 그것이다.,

① 사람+이 → 사람이
② 바다+ㅣ → 바대
③ 머리+∅ → 머리

이렇게 쓴다. 그러니 '자왈'은 위의 ②처럼 '자+ㅣ+왈→재왈' 풀어보면 '공자가 말하기를'이다. '제왈'은 '재왈'을 잘못 들은 것이다.

장황한 이야기를 꺼낸 것은 다른 뜻이 아니다. 선생이 까닭도 모른 채 '제왈'이라 복창시킨 것처럼,《논어》는 어느 시기부터 우리에게 까닭이 무엇인지도 모른 채 형해화(形骸化)된 지식으로 전수되었다.《논어》로 대표되는 우리 전통적인 지식의 덩어리가 껍데기로 남은 지 오래라는 뜻이다. 껍데기만 남은 지식으로 무장한 지식인이 득세하는 사회는 혼탁하며 변화의 추동력을 잃고 헤매게 되고 만다.

《논어》에 대한 완전히 새로운 해석

그렇다고 설마《논어》가 껍데기로 버려지겠는가? 읽고 배우는 사람이 잘못해서 이런 위기를 맞이했을 따름이다. 중국의 한 젊은 학자가 바람직하지 않은 독서를 두고 이런 말을 했다.

"사독서(死讀書), 독사서(讀死書), 독서사(讀書死)"

'죽도록 책만 읽는다, 죽은 책을 읽는다, 책을 읽기만 하다 죽는다' 죽은 독서의 유형을 이렇게 세 가지로 표현한 것이다. 껍데기를 안고 앵무새처럼 중얼거리는 지식의 모습이 그려진다.

그렇다면 오늘날 다시《논어》에 생명력을 불어넣자면 어떻게 할 것인가. 위의 경어(警語)에서 사(死) 대신 생(生)을 넣어보면 어떨까?

나의 이런 생각과 일치하는《논어》초역서 하나를 발견하였다. 저자는 말한다.

"2천 수백 년 전에 공자가 뱉은 말은 많은 사람들의 마음을 울렸다. 그가 세상을 떠난 후에도 그 울림은 사라지지 않았고, 백 년에 걸쳐 책으로 기록되어 많은 사람의 마음에서 마음으로 이어져 울림을 주었다. 《논어》라는 이름의 이 책은 시대를 지나며 보다 멀리 전해졌다. 그리고 동아시아 전체에 울려 퍼지는 소리가 되었다."

사람의 마음에 울려 퍼진 책. 시대와 장소를 넓혀가며 '상상도 하기 어려운 기적'을 만들어낸 책. 이 책이 기적을 일으킨 원인은 '공자의 말이 인간의 진실에 닿았기 때문일 것'이라고 저자는 진단한다.

저자는 책의 맨 첫 장에 울림의 뿌리를 놀랍게 풀어낸다.

앞서 밝힌 《논어-학이》편의 첫 구절 '학이지습지, 불역열호.(배우고 때로 익히면 또한 기쁘지 아니한가)' 이하 세 구절을 그간의 많은 번역서와 달리 저자는 정의-실례-결론이라는 논리로 묶었다.

무언가를 배우는 것은 위험한 일이다.
왜냐하면 자신의 감각을 팔아넘기는 일이기 때문이다.
새로운 것을 익히면 그동안 가지고 있던 편견이 사라지고,

머리가 맑아지며, 무디고 낡은 감각 대신 단정하고 상쾌한 감각이 생겨난다.
자신의 감각이 사라지는 것에 겁먹지 않고, 배운 것을 완전히 체득하겠다고 마음을 열면
어느 때 문득 진짜 이해가 일어나, 배우는 일이 내 것으로 느껴지고 새로운 감각을 받아들이는 데에 익숙해진다.
이것이 바로 '익히는' 것이다.
기꺼이 묵은 감각을 버리고 기쁘게 신선한 감각을 받아들이는 경지에 오르니, 진정 기쁘지 아니한가.

저자는 이렇게 해석했다.

배움(學)은 남에게 빠지는 일이다. 훌륭한 선생과 뛰어난 책에 푹 빠질 때 우리는 심지어 자기 영혼마저 판다. 배움이니까 영혼을 파는 것에 개의치 않고 기꺼워한다. 그러나 그것으로 끝이라면 악마에게 영혼을 판 파우스트나 다를 바 없다. 여기서 익힘(習)이 나선다. 지식을 자기 자신의 것으로 만드는 일이다. 저자는 이것이 '기쁘다'고 해석하였다.

위험 너머에 있는 어떤 것
위험에 뛰어들지 않고 기쁨을 얻어낼 수는 없다. 그러기에 우

리는 배움이라는, 자칫 제 영혼을 팔 수도 있는 위험한 일에 도전해야 한다.

자주 익혀서 드디어 나의 감각이 되었을 때의 기쁨을 뭐라 표현할 수 있을까? 여기서 공자는 하나의 비유를 생각해 냈다.

"배우는 기쁨은, 연락도 없던 옛 친구가 멀리서부터 돌연 찾아오는 듯한 그런 즐거움이다."

'유붕자원방래, 불역락호.(벗이 있어 먼 곳에서 찾아오면 또한 즐겁지 아니하랴)'를 저자는 친구에 대한 사랑이 아닌 배움에 대한 사랑으로 해석한다.

다음 장의 해석은 더 독특하다.

"배우는 기쁨을 알고 있는 사람은 그것을 알지 못하는 사람을 보면, '인생의 기쁨을 모르는 딱한 사람이군'하고 생각한다. 그러면서 마음이 흔들리지 않는 사람을 우리는 '군자'라 부른다."

단순히 군자의 덕목 중 하나로 해석될 수 있는 이 구절 '인부지이불온 불역군자호.(사람들이 알아주지 않아도 성내지 않으면 또한 군자가 아니겠는가)'를 배움의 즐거움과 연관시켜 매조지한다. 이런 기쁨을 알고 있는 사람이 그것을 알지 못하는 사람을 보게 되거든 "딱한 녀석이군"하고 '쿨하게' 넘어가라는 것이다. 이런 때에 마음이 흔들리지 않는 사람이 '군자'라는 것이다.

첫 장에서 받은 충격은 마지막까지 이어진다. 내가 그동안 공부한《논어》의 애매하고 가려운 부분을 적실하게 지적해 주는 대목마다 책을 내려놓고 한참 생각에 잠기기도 하였다. 동시에 '《논어》는 옛날 냄새나는 보수적인 책이 아니라, 충격적이고 전위적인 혁명의 책'이라는 저자의 말에 동의하지 않을 수 없었다. 왠지 내 마음 구석구석이 정갈해지는 듯했다.

몇 해 전, 가끔 들르는 도쿄의 한 서점에서 이 책을 들고 첫 장을 읽다가 나는 무릎이 꺾였다. 저자는 나보다 두 살 어린 사람이었다. 충격은 질투로 이어졌다. "여기에 쓰인 것을 결코 통째로 삼키지 말기 바란다. 하나하나의 말이 쓸모 있다면 도움 받고 쓸모없다면 버리기 바란다"는 저자의 말이 얄밉기까지 하였다.

켜켜이 쌓인 먼지를 털어내고 새 옷으로 갈아입은《논어》를 우리나라 독자에게 소개할 수 있어 기쁘다. 이 책을 읽는 독자에게도 내가 받은 충격과 기쁨이 그대로 전해지기를 바란다.

역자 고운기

초역 논어

초판 1쇄 발행 2024년 11월 13일
초판 5쇄 발행 2025년 5월 2일

지은이 | 야스토미 아유무
옮긴이 | 고운기
펴낸이 | 김선욱

디자인 | 풀밭의 여치
마케팅 | 김하늘

펴낸곳 | ㈜레디투다이브 출판등록 | 2024년 10월 18일 제 2024-000132호
ISBN 979-11-989991-0-8 (03150)

· 책값은 뒤표지에 있습니다.
· 파본은 구입하신 서점에서 교환해드립니다.
· 이 책은 저작권법에 의하여 보호를 받는 저작물이므로 무단 전재와 복제를 금합니다.

(주)레디투다이브는 독자 여러분의 책에 관한 아이디어와 원고 투고를 기다리고 있습니다. 책 출간을 원하시는 분은 이메일 master@readytodive.kr로 간단한 개요와 취지, 연락처 등을 보내주세요.